冷读术 精装典藏版

石真语 廖成龙 著

瞬间抓住人心的沟通技巧

电子工业出版社
Publishing House of Electronics Industry
北京·BEIJING

内 容 简 介

本书通过冷读术的真相、开启你的冷读系统、瞬间赢得对方信任、顺利启动交谈话题、外向和内向的秘密等内容，依次解读了冷读术的奥秘及运用方法，同时在本书的最后一章，集成了在人际交往中最关键的9种冷读语言模式。读者只要学会这门技术并熟练运用它，就可以在见面的瞬间读取对方的心理，预言未来的事，轻易打开对方的心扉，瞬间获得对方的信任。

本书适用于需要改善人际关系、婚恋关系、职场关系、商业合作关系等人士阅读。

未经许可，不得以任何方式复制或抄袭本书之部分或全部内容。
版权所有，侵权必究。

图书在版编目（CIP）数据

冷读术：瞬间抓住人心的沟通技巧：精装典藏版 / 石真语，廖成龙著. —北京：电子工业出版社，2024.3
ISBN 978-7-121-47300-5

Ⅰ. ①冷⋯ Ⅱ. ①石⋯ ②廖⋯ Ⅲ. ①人际关系学 – 通俗读物
Ⅳ. ① C912.1-49

中国国家版本馆 CIP 数据核字（2024）第 039574 号

责任编辑：王小聪
印　　刷：三河市兴达印务有限公司
装　　订：三河市兴达印务有限公司
出版发行：电子工业出版社
　　　　　北京市海淀区万寿路173信箱　邮编：100036
开　　本：720×980　1/32　印张：7　字数：157千字
版　　次：2024年3月第1版
印　　次：2024年10月第2次印刷
定　　价：55.00元

凡所购买电子工业出版社图书有缺损问题，请向购买书店调换。若书店售缺，请与本社发行部联系，联系及邮购电话：（010）88254888，88258888。

质量投诉请发邮件至zlts@phei.com.cn，盗版侵权举报请发邮件至dbqq@phei.com.cn。

本书咨询联系方式：（010）68161512，meidipub@phei.com.cn。

冷读 开启 心灵 密码

冷读　瞬间　看透　人心

前 言

对心理学来说，用于改善人际关系可谓是它最突出的作用之一。然而，许多心理学书籍除了提供一些专业知识，并不能为大家提供更为准确和有效的应用技巧，这实在是一种遗憾。

针对如何有效地将心理学应用于人际交往中，日本的石井裕之老师发展了一套较为实用的沟通技术——冷读术。它是指"在事先没有准备的情况下，读取对方的心理，并预言未来的事"。通过这样的交流，即可达到瞬间赢得对方信任的目的。

对于这门技术，读者十分热衷，也非常希望能学习到，于是通过各种途径去学习。即便如此，这门技术在国内的普及和应用仍显不足，并不为广大心理学爱好者及人际交往困惑者所熟知，更不用说熟练应用了。

抱着学以致用的目的，笔者在长期研究应用心理学的基础上，对冷读术进行了系统化的学习和理解。在这门人际交往技术中，"冷读术"只是一个概念，它的本质仍然是一些读心、诱导、催眠等心理学知识的应用。当我们知道了这个秘密后，如何学习这门人际交往技术将变得更为简单和有趣。

笔者充分整合了心理学、语言学、营销学等各学科知识，将冷读术这门人际交往技术进行了系统的梳理。笔者从冷读术在日常生活中的应用说起，按照冷读术的真相、开启你的冷读系统、瞬间赢得对方信任、顺利启动交谈话题、外向和内向的秘密等内容依次解读了冷读术的运用方法，同时在本书的最后一章，集成了在人际交往中最关键的9种冷读语言模式。当你掌握了这种瞬间读懂对方心思和掌控对方心理的技术，并熟练运用它时，你就会赢得无数人的信任，你的人际关系将会变得更好。

在日常生活中，我们也许正在为如何处理客户关系、如何与上司或下属沟通、如何与异性朋友建立亲密关系、如何发展更多的人脉资源等问题而苦恼。这本书只有一个目的，那就是帮助你解决这些问题：教会你如何与工作、生活中的人友好相处。通过阅读本书，你将会轻松掌握和运用这门人际交往技术，让你焕发出迷人的魅力，使你在生活中处处受人欢迎，轻松赢得他人的信任。

编辑心得

职场新人别碰壁

记得大学毕业初入职场的时候,我和我的同学们走了不少弯路。当时有一位同学面试了一个 IT 企业,回来后自我感觉良好,但第二天却被通知未录用。原来,当面试官问他出于什么原因对这个工作感兴趣的时候,他说想熟悉这个行业一两年,然后自己创业。现在想想,当时懵懵懂懂的样子,有些可笑……

面试的时候,面试官就是典型的冷读者,他在冷静地审视着你的一切举动和言谈。反过来你也要读他,了解他的需求,做出相应的变通,以实现你的求职意愿。

过了面试这关,初涉职场,到了一个陌生的环境,比较发怵的是如何与陌生的同事、陌生的客户交往,营造出一个轻松友好的工作氛围。这个时候,冷读术会提醒你谨记一句话:表现出喜欢对方,就可以让你赢得他人的喜欢,营造轻松环境!初入职场的人,要学会和陌生人搭讪,比如下面这段运用冷读术的对话:

A:"你好像很喜欢听班得瑞的音乐啊!"

B:"不是啊,我不太喜欢安静的音乐,平常听得最多的是 R&B 风格的。"

A:"看着你就是那种比较有活力的人,你身边一定有很多朋友吧?"

B:"对啊,你好像早就认识我啊。"

据说,人们第一喜欢的人是自己,第二喜欢的人是喜欢我们的人。研究表明,人们都愿意和那些喜欢自己的人待在一起,也更容易认同那些喜欢自己的人的意见。

我比较认同上面的结论,但这和拍马屁不一样,喜欢赞扬别人也要真诚,不能太虚伪,那样自己都会觉得累。

职场达人莫大意

其实，职场老人们也不是做什么都游刃有余，我们时常能听到一些抱怨：新来的同事干劲足但工作上不会配合；新来的领导不好相处，要求严格；老客户越来越挑剔，工作不好做……

另外，同事们在一起聊天时，简单的话也不简单。说不定，正是一句简单的话，可能会泄露天机。我们来看下面的例子。

试探者："听说公司最近要裁员了，你知道吗？"

回答者1："是吗？怎么这么突然啊？都没听到风声。"

回答者2："不会吧，这么快啊？"

冷读术告诉我们，这一切的问题都可以归结为一点——沟通！工作中，沟通是个大问题，我们每时每刻都在和别人打交道，交往时也希望与别人的关系更进一步。仔细看看这本书，它会给予我们更加实用、便捷的沟通指导。

要"悦"读，也要真诚

掌握了本书的冷读技巧，你就可以成为交际高手，再也不会担心和陌生人说不上话，和上司不好开口，和恋人不好交流……当你试着使用冷读技巧并初见成效时，你会觉得整个人犹如醍醐灌顶：原来与人相处并不难！

但作为本书的编辑兼读者，我也想分享一些忠告：

- 读心是为了防诈，而不是诈人。
- 读心是为了更好地沟通，而不是更好地奉承。
- 读心是为了看透虚伪，而不是变得虚伪。
- 读心是为了理解，而不是诱导。

用爱去体会这个世界，用爱去交流。

目录

第一章
冷读术的真相

第一节 危险的技能 // 2
冷读的力量 // 2
谁是出卖自己的人 // 4
越捆绑,越相爱 // 6
潜意识诱导 // 8
赢得信任的心灵蜜语 // 11

第二节 认清周围的冷读者 // 14
算命师的秘密 // 14
魔术师也是在演戏 // 17
间谍案中的攻与防 // 19
刁钻的面试官 // 20
左右逢源的人际交往高手 // 22
爱情也需要冷读 // 23

第三节 学会以诈防诈 // 26
开放的心灵 // 26
骗的就是你 // 28
以诈止诈 // 29
情商之舞 // 31
轻松地生活 // 33

冷读术：瞬间抓住人心的沟通技巧
（精装典藏版）

第二章
开启你的冷读系统

第一节　训练你的观察力 // 38
　　由眉毛看穿人心 // 38
　　由下巴看穿人心 // 39
　　由面部看穿人心 // 41
　　由手势看穿人心 // 45
　　由体态看穿人心 // 46

第二节　适度地表现自己 // 48
　　用爱去交流 // 48
　　学会印象整饰 // 53
　　张开热情的双臂 // 54
　　摊开你的手掌 // 55

第三节　学会语言换框术 // 57
　　语言的体验 // 57
　　用语言改变体验 // 60
　　语言框架的转换技术 // 62
　　简单有效的框架转换技巧 // 67

第四节　一句话说中对方 // 71
　　例行话题的秘密 // 72
　　算命师这样说 // 75
　　好使的否定问句 // 78
　　说不中的概率为零 // 79
　　一语说中对方的烦恼 // 81

目 录

第三章
瞬间赢得对方信任

第一节 说中对方的未来 // 86
这样说才准 // 86
感情的润滑剂 // 87
预言的魅力 // 90

第二节 志同道合的秘密 // 92
暗示的力量 // 93
焕发自信的光彩 // 95
语言也要自信 // 96
运用同步技术 // 97
让呼吸也同步 // 100

第三节 缺什么，给什么 // 101
人有两张脸 // 101
从相反的两面去说 // 103
缓解情绪的妙方 // 105
打开他人的心扉 // 107

第四章
顺利启动交谈话题

第一节 搭讪高手的实践 // 110
有效的开场白 // 110
展示高价值 // 113
适当地否定 // 115
建立基本联系 // 116

第二节　心灵交流的入口 // 117

心灵的入口 // 117

讨好顾客的秘密 // 119

由物及人 // 120

先让别人了解你 // 122

第三节　试试库存通用句 // 123

算命师的库存通用句 // 123

库存通用句的技巧 // 124

恋爱用"库存通用句" // 126

业务用"库存通用句" // 128

第四节　找到共同的话题 // 129

认同对方 // 129

问开放性问题 // 131

让对方侃侃而谈 // 132

巧妙挖掘共同点 // 134

第五章
外向和内向的秘密

第一节　两种性格的沟通方法 // 138

两种心理的秘密 // 138

一眼看穿外向或内向 // 140

外向型的人的人际观 // 142

与外向型的人沟通的方法 // 143

内向型的人的人际观 // 146

与内向型的人沟通的方法 // 147

目 录

第二节 两种性格的冷读系统 // 149
"就像框架"冷读术 // 149
外向型冷读系统 // 150
外向型的冷读实践 // 152
内向型冷读系统 // 158
内向型的冷读实践 // 160

第三节 打通陌生人的心灵通道 // 164
从右手开始 // 164
一路称赞下去 // 165
巧妙置换情境 // 166
适当的变化 // 167

第六章
超级有效的冷读话术

第一节 活学活用特异话术 // 170
聊天用的特异话术 // 170
商业用的特异话术 // 171
求人用的特异话术 // 174

第二节 连续肯定问句的妙用 // 176
是的，是的，是的 // 176
回答"不是"也不怕 // 178
有效说服固执的人 // 179

第三节 关键转折词的妙用 // 181
先否定再肯定的技巧 // 181
巧妙拒绝不喜欢做的事 // 183

第四节　否定问句的妙用 // 184
说"不是"不等于拒绝 // 184
业务上活用否定问句 // 186
搞定习惯性否定的人 // 187

第五节　巧妙询问法 // 189
不知不觉地提问 // 189
激发对方的交流兴趣 // 190

第六节　潜意识捆绑说服术 // 191
潜意识渗透的诀窍 // 191
潜意识捆绑说服术实战 // 193

第七节　"双重束缚"说服术 // 194
交友、搭讪屡试不爽的绝技 // 194
谨慎对待话术圈套 // 196

第八节　扩大/缩小法的妙用 // 197
活用扩大法 // 198
活用缩小法 // 200
混合使用扩大/缩小法 // 201

第九节　分割/组合法的妙用 // 203
把抱怨切割开的分割法 // 204
攻陷恋人心防的分割法 // 205
迅速处理危机的分割法 // 206
引导反对意见的组合法 // 207

参考书目 // 210

第一章
冷读术的真相

曾经有位谋略家说过:"生活经验只是教养问题,而人的健全思维形成于阴谋中。"神秘的冷读术就是这样一种建立在心理学基础上的人际交往技巧,它可以让我们成为生活的受益者。

第一节　危险的技能

石井裕之老师这样定义冷读术:"在事先没有准备的情况下,读取对方的心理,并预言未来的事。"正因为冷读术具有这样的作用,所以它成了一些算命师和骗子的常用手段。

不过,在我们的日常生活和工作中,不管是为了讨得别人欢心,还是为了恰当地包装自己,抑或是为了保护自己,我们都需要与他人巧妙地交往,这样我们的生活才会更加顺利和惬意。

这时候,冷读术就不再是一种"危险"的技能了,而是一种让我们瞬间赢得他人信任的社交技巧。

冷读的力量

我们的目标不是说更多的话,而是追求更好的效果,成为生活的掌控者。

看看下面的例子,你就会知道自己是怎样不知不觉地丢掉了本属于自己的话语权。

推销员:"太太,您的气色真不错,是遇到什么高兴的事了吗?"

客户:"是的,我将有一个长假。"

推销员:"听起来真不错,这让您看上去更加年轻了,可以看得出您是个感情丰富的人,拥有让周围的人开心的能力。"

客户:"是这样吗?"

第一章
冷读术的真相

推销员:"您看,您是不是自己都忽略这一点了,或者还没有完全展示出来。"

客户:"或许吧!"

推销员:"等一下,您看起来没有休息好,是因为工作忙眼睛有些疲劳吗?"

客户:"还好吧。"

推销员:"如果您不介意的话,可以尝试一下这个品牌的眼霜。"

这是一个很好的利用冷读技巧的沟通场景。推销员首先通过读心技巧,猜中对方的心思,与这位女士建立信任关系,然后再完成对产品的推销。

如果你还不太会用这种冷读技巧的话,我可以再举一个生活中的例子。

A:"明天不能见面了,我有个紧急会议!"

B:"你难道忘记了?明天是我的生日。"

A:"当然没有,我是打算临近午夜再来为你庆祝生日。"

B:"呵呵,好吧。"

怎么样,对方是不是就这样心甘情愿地被"俘虏"了?

这是一种转换语言框架的沟通技巧。在冷读术中,通过转换情境、意义等语言框架,进而改变沟通对象的内心体验,从而让冷读者轻松地获得话语的主导权。

谁是出卖自己的人

冷读术的奥秘在于利用人们的心理弱点，唤起人们内心深处的记忆，从而与对方建立心境相连的亲密关系。

为了厘清其中的逻辑关系，大家不妨思考一个问题：

镜子中的自己与现实中的自己相比，哪个更英俊或更美丽？

心理学给了我们答案——因为人们每天看到的都是镜子中的自己，日久生情，所以人们更容易喜欢上镜子中的自己。

这就为我们揭示了一个秘密——其实人们最不容易认清的就是自己，每个人都需要通过外在的人或物来看清自己。这就为冷读术提供了广阔的空间，使得一些人变得人见人爱，做事处处得心应手。

为了证明这个秘密，下面，请给自己 7 分钟的时间，用不同的词语写出 20 个"我是一个什么样的人"的句式。

我是一个_____的人；
我是一个_____的人；
我是一个_____的人；
我是一个_____的人；
…………

感觉如何？很容易写出来吗？你所写的 20 个句子足以勾勒出你的样子吗？是否还有没被涵盖的特质？是不是还有一些模棱两可的描述需要找熟悉你的人帮你确认一下？把这 20 个描述读给你的朋友，他们能认出这就是你吗？

我是谁？这是一个既古老又年轻的话题，许多人终其一生

第一章
冷读术的真相

也没有找到答案。

其实，我们都是这样的人：

- 有时会出现不切实际的幻想。
- 有时很外向，与人侃侃而谈；有时很内向，遇事谨慎。
- 认为自己很理性，不会毫无根据地相信他人的观点。
- 喜欢不同程度的变化和自由，但内心也会感到烦恼和不安。
- 虽然性格上有些缺点，但总体还是好的。
- 体内有未被激发出的潜力。
- 在某些地方对自己要求很严格。
- 希望被人喜欢、认可，且这种想法十分强烈。
- 在性生活方面有不满意的地方。

读完上面这些描述，仔细想想，是不是好像在描述你？它们就那么随意地罗列着，却像读心术一样洞穿了你的前世今生。此时，你的内心是不是被柔软地刺痛了？

这就是"巴南效应"的心理学原理，它揭示出人们进行自我认知时的一种现象——当用一些很普通、宽泛的词语描述一个人的性格时，人们常常会毫不犹豫地接受它，认为描述的正是自己。

为了验证这个心理学原理的可靠性，美国心理学家培特郎·福瑞尔以自己的学生为研究对象做了一个测验。

他挑选了一批学生，让他们做一项人格测验，并说一个星期后会给每位学生一张人格素描。一个星期后，学生们对照自己的性格特征，为自己手中的人格素描的准确率打了分。最终，人格素描准确率为 86%，学生们惊讶道："测得真准。"

事实上，福瑞尔只是按照人的性格特征随意地从算命杂志上挑选了一些表述组合在一起，并且每个学生拿到的人格素描都是一样的。结果，学生们为了印证导师"这是你的测试结果"这句话，而被带入这个情境中，在心理上接受了这个"骗局"。福瑞尔总结道："人其实很容易受骗，人的自我评价也是很不准确的。"

冷读者正是利用了这样一个既简单又实用的原理，让人们觉得对方真正地看穿了自己。

也就是说，那些触及我们内心的人，有可能就是这样的骗子，而我们自己却充当了他们的"帮凶"。

越捆绑，越相爱

由此可见，每个人其实都非常脆弱和易于被攻击，以至于被欺骗得如此自然。

关于人的内心，我们不妨看一个怪异的心理学现象。

1973 年，在斯德哥尔摩有 3 名绑匪绑架了 4 名银行职员，银行职员为三女一男，被绑架了大概 160 小时。一开始，银行职员非常害怕，可能觉得无法保住性命。出乎意料的是，这个凶残的绑匪竟然给了他们水和食物，结果这三女一男就从内心对绑匪产生了一种感激之情，因为他们觉得绑匪完全可以把他们杀了，但他却没有那么做。在这起事件发生后的几个月，这 4 名曾遭受挟持的银行职员，仍然对绑架他们的人表露出怜悯之心，他们拒绝在法庭上指控这些绑匪，甚至还为他们筹措法

第一章
冷读术的真相

律辩护资金，他们都表示并不痛恨绑匪，还对绑匪非但没有伤害他们却对他们给予照顾表达感激之情，对警察采取敌对态度。更有甚者，其中一名女职员竟然还爱上了一名绑匪，并与他在服刑期间订婚。

这就是心理学界著名的斯德哥尔摩综合征。它揭示了人的内心有一个可怕的弱点——对肉体及精神进行摧残后，再适度抚慰，人是可以被驯养的。

这些道理听起来匪夷所思，但每个处于那种场景的人可能都会有类似的心理，所以我们要提醒自己不要被居心不良的人利用。这也是冷读术教给我们的一种技能。

在我的职业生涯中，曾经遇到过这样一个案例，让我印象深刻。

有这样两个同事，金子和小燕同在一家门店做销售员。刚开始两个人所有事情都很合拍，常常是一个人说了句话，另一个人马上就去做。渐渐地，小燕发现金子总像命令自己一样说："小燕，你去给我拿个什么什么"或"你应该怎么怎么做"，小燕很不喜欢金子这种口气，可是心里又想：平常大家都受不了金子自以为是的态度，尤其是她从来不认为自己有错，也没什么人愿意理她，我若也不理她，她岂不是很可怜。从此，小燕一而再、再而三地为金子做事情，渐渐成为习惯。

虽然施控者不一定懂得冷读术，但他们都在无形中运用了这门人际交往技术，成为生活中的掌控者。而受控者在面对被迫的"捆绑"时，不去反抗，却好似爱上了这种"捆绑"。

潜意识诱导

人生就像一场被绑架的演出，幸福与真相成反比。其中，冷读术就扮演着这样的"真凶"：绑架他人的思维，诱导他人接受自己设计的答案。

在我们大脑中，意识和潜意识是并存的，并且潜意识的力量很强大，无时无刻不在发挥着作用。正如这样一个信念："我本来就知道这样做很不好，可就是没办法让自己停下来"。这就是我们无法控制的潜意识。

石井裕之老师曾经做过这样一个经典的实验：

"请看，这里有两个箱子 A 与 B。请你凭直觉立刻选择其中一个箱子。"

"哦，A 吧。"

其实 A 是石井老师让被试指定选择的，当然，石井老师事先不会提示被试。听起来很不可思议吧。奥妙在于，石井老师在做这个实验时，先用左手指示"这边是 A"，再用右手指示"这边是 B"，然后放下双手，接着要求被试立刻选择其中一个，并且在说到"立刻"时，举起左手指向 A 的位置，所以，被试最终选择了 A。

为了证明冷读术的有效性，石井老师经常在演出场合做这个实验，据称该实验的成功率达到了 99%。

其中的奥秘在于，在石井老师要求被试立刻选择时，其左手也立刻指向了 A。在这种诱导下，对 A 的印象就会跳到被试的潜意识里，在瞬间被要求选择时，A 这只被"强化"了的箱子则比较容易浮现在脑海中。即使众多的被试矢口否认这样的暗示，但

第一章
冷读术的真相

结果总是让人不得不相信。

这个实验证明了冷读术具有科学性及易被用于操控人心的可能性。美国著名的恋爱专家尼尔·史特劳斯曾经描述过将心理诱导术用于情爱中的案例[①]。

一家餐厅里，某位心理师和朋友正在进餐。一个涂着玫瑰色指甲、长着娃娃脸、拥有紫色头发的娇小女服务员走过来为他们点菜。心理师看着她，指着自己的那些朋友说："这些是我的学生，我是个导师。"

"真的吗？"她礼貌性地表现出感兴趣。

"如果我告诉你，我可以教人利用心灵控制来吸引任何他们想追求的人，你信吗？"

"开玩笑吧？"

"是真的。我可以让你爱上这一桌的任何一位客人。"

"怎么做到的？控制我的心灵？"她很怀疑，但明显很感兴趣。

"我问你一个问题，当你真的被一个人吸引时，你是怎么知道的？换句话说，你会从自己的内心得到怎样的信号，发现——"

这时心理师放低声音，慢慢地吐出下面的每一个字："你……真……的……很喜欢……这个人？"

心理师在问问题时，已经实施了心理诱导。女服务员在他面前感受到了被吸引，同时将那些感觉和他的脸孔联结在了一起。她想了一会儿，说："嗯，我肚子里有种怪怪的感觉，好像有蝴蝶在飞。"心理师把手放在自己的腹部。"是啊，而且我打

[①] 该催眠案例引自《把妹达人》，本文因情节需要，略作删改。

赌，你越觉得受到吸引，那些蝴蝶越是从胃部往上飞，"他慢慢地把手往上移到胸口，说道："直到你的脸开始发红，就像现在这样。"

事实上，心理师的手势和石井裕之在箱子实验中的手势一样，都是一种思维或情绪锚定。即把某种思维或感觉，比如爱慕，联结到一个碰触姿势或手势上。然后，当心理师做出那样的手势时，对方就会被那种感觉吸引而做出选择。

下面接着说这个爱情催眠案例。

心理师继续对女服务员催眠了几分钟之后，女服务员的眼神开始呆滞。心理师不断地调动她的情绪，每隔几秒钟就把手从胃部抬到脸上，每一次她都会因此而脸红。她端盘子的双手，已经微微地有些发抖了。"以你的男朋友为例，"心理师继续说，"你立刻就被他吸引了？"他弹了一下手指，把她从恍惚状态中拉出来，"还是过了一段时间？"

"嗯，我们分手了。"她说，"但的确是过了一段时间，我们一开始只是朋友。"

"但更棒的是，如果你能够立刻感觉到被吸引……"他把手再次像刚才那样抬起，她的眼神又开始呆滞了，"对某人。"他指着自己，好让她认为他就是那个人，"真是不可思议，对吧？"

"对啊。"她同意，并且完全忘了其他桌的客人。

"你的男朋友有什么问题吗？"

"他太幼稚了。"

心理师逮住机会说道："嗯，你应该和成熟一点的男人交往。"

"刚才我们说话的时候，我正想到这一点，就像你一样。"

第一章
冷读术的真相

她笑着说。

心理师提议等她放假的时候一起去喝杯咖啡,她立刻抓住机会给了他电话号码。

心理师关切地对她说:"好了,你的其他客人大概要生气了。在你离开之前,我们何不把你现在拥有的这些美好感觉……"他再度抬起手来,"放在这包糖里呢,"他拿起一包糖,然后用他抬起来的手揉了一下,"好让你可以整天都随身携带。"他把那包糖递给她。女服务员把糖放进围裙里然后走开了,脸上依旧红扑扑的。

在这种心理诱导中,这包糖也有了暧昧的感觉。

赢得信任的心灵蜜语

看到这里,你是不是有点害怕了?是不是感觉冷读术很危险?

少数心存鬼胎的人利用冷读术行骗,但这绝非冷读术的过错。这就好比一把刀,只是因为被凶犯攥在手中,它才会变成凶器。

事实上,只要我们掌握了冷读术,并且善用它,不仅可以识破恶人的阴谋诡计,帮自己或他人化险为夷;还可以改善人际关系,提升自己的人际交往质量。

冷读术是一种利用人的潜意识中的"自我"去实施诱导的沟通方法。冷读者的任务就是将对方的内心期望诱导出来,帮对方的心说话,其实这是一种高度的同理心表现,这样的沟通自然容易赢取他人的信任。

每个人都存在着被欣赏、被尊重、被理解、被倾听、被宽慰等心理需求，这些心理需求正是成功实施冷读术的机会所在。

我们用生活中的例子来说明这个道理吧。

一个男孩打电话给他的女友，约她晚上去看电影。电话那头，女友慵懒地说："今天我不想去。"此时，一般人会问："为什么？"但冷读者知道这时候要问的问题是："哦，你身体不舒服吗？我晚上去看看你吧。"

在精心的呵护下，爱情一如细沙迷人眼。

这两种问法是不同的，如果你能看出其中的奥秘，并不意味着你可以诈骗。冷读技巧只是尽可能地帮你成为一名优秀的人际关系专家，提升你的人际交往质量。

心理学研究表明，在人的潜意识中，对于质问式询问，如"为什么"很反感，这会让人自动开启"防御机制"。而冷读术却巧妙地绕过对方的无意识防御，获取冷读者想知道的信息。

同事跟你说："你去年是不是从我这里借了2000元？"你下意识地回答："天哪！明明是500元，啥时候变成2000元了？"就在这种潜意识的回应中，你已经中招了。"哈哈，500元啊，那你什么时候还我啊？"双方的沟通基本上就是水到渠成。

这正是冷读者的高明之处，让人在无意识中陷入了他的话语陷阱。

只要你观察一下现实中正在交流的人们，你就会发现：其实每个人最想说的都是"自己"，比如他的近况、他的工作、他身边的人、他的理想、他的宠物，甚至是他的坏情绪、他讨厌

第一章
冷读术的真相

的事、他今天的倒霉事等。

下面就是一位冷读者实施冷读术的过程——这位冷读者事先通过QQ空间、博客等平台了解到对方刚刚失恋，于是便顺利地展开了冷读。

男："你最近看起来心情不好，虽然你很想让自己高兴起来。"
女："有一点。"
男："通过心灵感应，我知道，你就像一匹骆驼。"
女："骆驼？为什么？"
男："你看起来很坚强，其实很少人知道你内心的委屈和失望。"
女："那和骆驼有什么关系？"
男："你一直在默默地付出，像一匹骆驼，心地善良，向往美好的生活，因此你选择无怨无悔地陪伴着对方。"
男："你也希望他能感受到你的内心，因为只有你是真心关心他。虽然你足够坚强，但仍然免不了希望落空。现在你就像一匹失去目标的骆驼，走在沙漠上，很迷茫，也很受伤……"
女："是的。"
男："而且你是个重感情的人，所以你很难走出来，就像一匹迷失在沙漠里的骆驼，无法轻易地回到原点。"

在这样的话语中，对方不知不觉地就被冷读了，在不经意间接受了冷读者，成为交心的朋友。

第二节　认清周围的冷读者

冷读术已经被许多行业的人应用，也许你并没有注意到对方如何施展冷读术，但你一定被冷读过。不相信的话，请看下面的内容，你就会发现自己那狼狈不堪的内心。

算命师的秘密

要说冷读者，最常见的莫过于街头算命师了。在以讹传讹的过程中，算命师总是被赋予各种光环。信者，觉得其神乎其神，能知前世今生。难道算命者算的真是"命"吗？带着这样的疑问，请看下面的对话。

算命师："你是感情方面出了问题吧？"
求助者："嗯……"（惊讶的表情）
算命师："和女友有关？"
求助者："你怎么知道？其实主要是我女友的家人让我有些头疼。"

在这段对话中，算命师其实什么也没说，但求助者仍然深信对方说出了自己心中的困惑。求助者总是在无意识中被算命师牵着鼻子走，主动敞开自己的心扉。

在无助的个人世界，许多人不得不借助于算命师敞开心扉，在似是而非的猜测中获得一分慰藉。

第一章
冷读术的真相

◎ 等待叩开的心门

求助于算命师的人一定有过这样的经历：被人说中过去或者曾经的情感挫折，以及未来的目标。对方总是及时地出现在你"需要"的时候，并且他好像比全世界任何一个人都了解你，好像是上天派来在你最无助的时候帮助你的那个人。于是，你跟他开诚布公、倾诉衷肠，期待着他能指点迷津，照亮前途。

算命师："你最近的事业线很旺啊！"
求助者："是吗？我能顺利完成今年的销售额吗？"
算命师："这是必然的，另外在这之前你会经历一些考验，等完成这些考验，你会收获惊喜的。"

于是，你按照他说的去行动，当然这也包括你要为他的"说中"而付费。自此，你的生活好像有了一些起色，这就让你更加深信不疑，甚至告诉你的朋友来捧他的场。

与其说算命师算得准，不如说他说出了你想说的话，帮你做出了一个正在犹豫的决定罢了。

◎ 是你配合了算命师

算命师不可能真正"说中"你的事，是你自己给了他机会，只是你"认为被说中了"而已。真相是你自己透露出来的，因为你太急于"配合"，是你自动"说出"或者"表现"出来的，而你却误以为被说中了。事实上，那些算命师每天都在失手，毕竟更多的人不是他们的"配合者"。

他们使用了冷读术，你只是自愿扮演了他们的"帮凶"。

面对算命师，信与不信，不在于对方说得准与不准，而在于你是否扮演了"配合者"这一角色!

请看下面的例子:

算命师:"我看见了一条长长的胡同和满是杂草的院子。你有没有想到什么?"

求助者:"胡同……杂草……院子……"(你思索着,陷入了对方的圈套。)

算命师:"你好像在长长的胡同里遇到了什么……虽然有点模糊,但那种感觉是清晰的……是的,是很偶然的感觉……"

求助者:"哦!那是上周末回家我看到了……"

算命师:"是的,就是那样的。"

在这段对话中,算命师自始至终只抓住了关键词"胡同"说事,而其他的信息都是求助者自己说出来的。

这是算命师惯用的方法,只不过急于证明此事的你没有意识到罢了。

◎ 让算命师无解的招数

如果求助者不主动配合算命师的话,算命师就会陷入无助中。这也是防骗的重要技巧。

秘密就在于不管算命师说什么,你都不要有任何反应,哪怕说中了也不要点头,说错了亦不露声色,始终默默地听他说,观察他的一举一动。

如果非要有回应的话,用你的表情和你的语言告诉他:"在我给你任何信息之前,请先说出你看到的事情!"

这样的"不反应不配合",是应对算命师的撒手锏!这一招

第一章
冷读术的真相

会让他们无计可施。

怎么样，是不是看到真相了？当然，这些以算命求生的人除了使用冷读术外，还会配搭使用其他的招数，但这已经不是本书讨论的范围了。

魔术师也是在演戏

人生就像一场表演，无论你扮演了什么角色，都是在娱人娱己。

如果2010年的春晚让你记忆犹新的话，那么刘谦的魔术表演可谓功不可没。魔术表演的技巧，加上对人心理的掌控，就会让人深陷其中。魔术师和心理学家曾经一起做过一些研究，发现魔术师的表演关键在于营造一种"上当受骗"的效果。也就是说，成功的魔术表演也是一次成功的冷读过程。

魔术师通过误导你的注意力，为你预设一种现实结果，然后巧妙地影响你，让你看到另一种意外。在魔术表演中，魔术师的冷读技巧无疑要掌握得很好。

魔术开场时，观众的好奇心已悄然燃起，魔术师的冷读过程也正式开始了。人们关注着魔术师的一言一行，尤其是眼神、动作的传递，点点滴滴都让人们保持高度注意力，脑中也自然构筑着自己预料中的结果。

魔术师已经猜透了观众的想法，在构思魔术时，魔术师聪明地利用观众的眼睛和思想欺骗了他们。

眼睛也会骗人吗？不信的话，请你看一下如图1-1所示的两幅图，来试试你的眼睛。

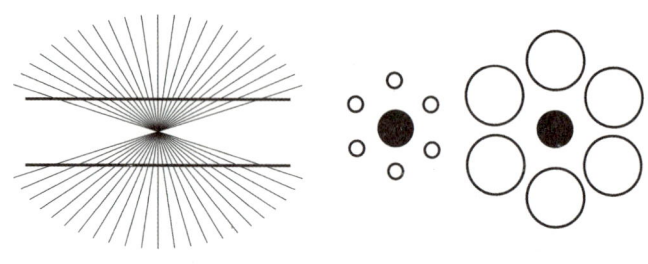

图中两条黑线是弯曲的吗?　　图中左边的黑圆比右边的黑圆大吗?

图 1-1　你的眼睛欺骗了你

图 1-1 中的答案都是否定的。不信的话你可以测量一下。现在,你还相信自己的眼睛吗?

心理学认为,人们都有自己的一套认知系统,通过这个系统,人们对信息进行加工处理,以及对客观事物的变化和特征做出反应。很多时候,信息要先通过我们的感官才能传递到大脑,有时只是一瞬间,我们的大脑就能被感官信息所欺骗,产生一种假象。

魔术师在表演《硬币消失》节目时,我们明明看到一枚硬币抛向了空中,等魔术师再一次抛出时,我们一起看向空中,却惊奇地发现硬币消失了。

是真的消失了吗?不是。其实是我们的视觉出现了错误,我们被自己骗了。我们在关注魔术师的动作时,随着他的手抬起,头往上看,我们配合着魔术师做着同样的动作。而魔术师却在这个动作的背后,不动声色地把硬币藏在了手心里。

如果我们不做同样的动作呢?不往上看呢?魔术的效果就不会出现。

第一章
冷读术的真相

在生活中你也经常遇到认知上的假象，因此被人利用也就防不胜防了。

同时，魔术师在表演中，总是重复说某些话，以此强化你心中的感觉。这就是我们在看刘谦的魔术表演时，感觉他更像一位相声演员的原因。

魔术师就是这样通过冷读技巧让你自然地接受他为你做的选择，然后让你对他的表演效果惊叹不已。当然，魔术本身非常复杂，除了需要借助冷读技巧，还需要借助其他的手段才能实现想要的效果。

间谍案中的攻与防

除了优秀的魔术师擅长冷读技巧，一些著名的特工也是冷读高手。

说起特工，大家脑海中浮现的可能是一幅幅神秘的影像。他们那么厉害，真的会冷读术吗？

1987年7月9日，美国发生了一起间谍案：一名士兵试图获取高度机密的资料。这些资料如果被泄露，将会对美国及其盟国造成不可挽回的损失。经过审问，调查员确信这名士兵应该还有同谋。而他虽然愿意承认自己涉及此案，但拒绝招供同谋的情况。调查员尝试唤起这名士兵的爱国意识，希望他能为数百万险些被他置于危难中的人民考虑，但不起任何作用。事态陷入了僵局。一位特工介入调查此案。首先，他列出了所有可能的同谋者名单，其中包括32个有机会拿到那些机密资料的人。然后把每个人的名字分别写在一张小卡片上给那名士兵看，一次看一张，并让他大致描述一下他看到的每一个人。特工其实并不关心士兵回答什么,而是注意观察他的脸部表情。当士兵看到其中两个名字时,抬了一下眉毛,瞳孔也缩小了。这位有着多年侦查经验的特工自然知道抬眉毛意味着士兵认识这两个人,而瞳孔的缩小则表示他感受到了威胁。这些就是特工真正想知道的信息,于是他收起卡片起身离开了。第二天,特工带着那两张照片回来对士兵说:"跟我说说这个人,还有这个人。"士兵瞪大了眼睛,惊讶地问:"你是怎么知道的?"特工说:"难道你真的认为你是唯一一个招供的人吗?"那一刻,那名士兵骂道:"这两个混蛋!"接着,他开始一一如实招供。最终,三个间谍都被定罪了。

这是一位在美国 FBI 工作了几十年的资深警探乔·纳瓦罗在他的一部力作里谈到的例子。特工在调查这名士兵的过程中巧妙地利用了冷读术,侦破了一个看似计划缜密、不可攻破的间谍案。

这种职业性的冷读,无疑更加显现出冷读的力量之大。冷读,不仅能让你瞬间读懂一个人的话,还能从他的非语言信息中发现他的弱点,适时地瓦解他的心理防线。

很多时候,肢体语言很容易泄露我们内心的秘密。在人际交往中,如果我们能适时冷读这些肢体语言,就能掌控人际交往中的主动权。

刁钻的面试官

面试官在招聘时一般会面对很多的人,如何从中很快挑选出"千里马",这是有技巧的。

第一章
冷读术的真相

面试者:"请问贵公司这个职位很注重团队合作能力吗?"

面试官:"每个职位都很重视这个能力,这是最基本的。"

面试者:"哦,我相信在团队中我一定能很好地和大家合作,而且我的领导能力也很强,我有很强的责任感。"

面试官:"你似乎更重视你的领导能力,但我们已经有主管了。"

面试者:"哦,是吗?我相信机会是留给有准备的人的。"

在不清楚公司需要什么人才之前,这个面试者就自夸,这是没有什么意义的,反而让面试官提前发现了你的动机,使你自己处于被动位置。面试官简单的一句"你似乎更重视你的领导能力",这就是在冷读你。

面对面试官的刁难,你能看出问题背后的真正目的吗?如果你已经看出来了,那么面试对你而言轻而易举。因为你懂得如何应答,而不是毫无技巧地夸夸其谈。

"你能说说你的前任主管是怎样评价你的吗?"

"你的下属之间有矛盾,你是怎么处理的?举个例子吧!"

"作为主管,为了改善公司内部的沟通状况,你会做哪些努力?"

"你以前工作的公司经常加班吗?多久出差一次?"

其实这几个问题分别是巧妙询问你的个性、管理能力、团队合作能力以及能否经常出差等。

了解一个人绝不是简单地看一下他的衣着相貌,而是需要通过冷读技巧来看其面、知其心。

左右逢源的人际交往高手

懂得冷读术的人，绝对是人际交往高手。使用冷读术，可以让一个人在生活中拥有很多朋友，让他在职场中得心应手。

为什么冷读术有如此之功效？在生活中，你试试就知道了。

A："你好像很喜欢听班得瑞的音乐啊！"
B："你的眼光不错哦！你怎么知道的？"
A："因为我和你一样，所以对你有种感觉，一种很熟悉的感觉！"
B："哦，那你和我一样喜欢听安静的音乐，喜欢那种山林空旷的感觉。"

你并不需要真的知道对方喜欢什么音乐，说中与否对方都会给你答案，关键是后面的这句"因为我和你一样"，这样就不会给对方留下你想套近乎的印象，从而自然地和对方交流彼此的共同点，这样你就成功结交了一位陌生朋友。

你肯定想知道如果对方的回答正好是相反的，该怎么办。你需要的就是用冷读的技巧回答。

B："不是啊，我不太喜欢安静的音乐，平常听得最多的是R&B风格的。"
A："果然没错，看着你就是那种比较有活力的人，你身边一定有很多朋友吧？"
B："对啊，你好像早就认识我！"

如果我们说错了，对方会自动更正。冷读者正好可以利

第一章
冷读术的真相

用这一点，虽然没有说中对方，却可以顺着对方给的线索，说出一句适用于所有人的话，让对方相信你。对方的一句"你好像早就认识我"证明你的人际交往水平又提高了。这样的巧妙询问，是冷读高手的基本功。

一个人际交往高手，不仅可以像上面的例子那样与人搭讪，而且拒绝一个人时同样可以做到不失人心。

朋友："小白啊，不好意思，你可以代我去参加今天的联谊会吗？"

你："可以啊，不过我得先做完手上的事才能去。"

朋友："哦，你似乎很忙，算了，那我再问问别人吧。"

冷读话语就是这么简单，既维护了自己的好形象，又不动声色地拒绝了对方。

冷读术使用者懂得这样一个道理：如果你想拒绝对方，那么一定不要直接回绝，而是巧妙地利用一些转折词，像"不过""可是""尽管"等，就能达到预期的效果。这样做的奥秘在于对方的大脑收到的信息是：他得先忙完才能去，所以并不是不帮忙。

爱情也需要冷读

有人说，爱情就像玻璃和水晶。如玻璃一样，一不小心就粉身碎骨，支离破碎；又如水晶一样，美丽耀眼，光芒四射。那么，我们究竟要以何种态度来面对爱情呢？

男："你看起来不是很高兴啊，可以的话，和我说说吧。"

女:"只是在困扰,不知道该怎么办。我现在面临三个选择,一个是在外地上班的男生,年薪5万元;另一个是大学同学,在读研,家里人说不确定性较大,有风险;还有一个是本地的法官,这个是家里人相中的。"

男:"你是一个比较高傲和喜欢追求个人价值的人,面对未来的他也不例外。而当对方不确定时,你的内心就犹豫了,是这样吗?"

女:"仔细想想,你说得不错。我本身也是天秤座的,受这个影响,我老是左右摇摆。"

男:"其实面对自己的真心,你就能发现你想要的选择。"

女:"是吗?我害怕选错了,就没有机会了。"

男:"其实有些事顺其自然,就是最好的选择。我相信只要你内心静下来了,就能做出自己的选择。"

女:"谢谢你。我会让自己找到答案的。"

就像上面,对方一开口就显现了自己的优势,一种高傲的气势,说中这一点很容易;接下来"只要内心静下来,就能做出选择",意思其实是如果你静不下心来,还是找不到答案。冷读者这样说是怎么都不会错的。

面对选择,我们很难有所决断,爱情也不例外。如果你面对的交谈对象被困扰的问题就是爱情难题,那么这些冷读的技巧可以帮到你。

甲:"人有时很奇怪,在不同的场合会表现出不同的自己。"

乙:"人的确很复杂,其实你认真观察,是可以发现背后的共性的。"

第一章
冷读术的真相

甲:"是吗？人有共性吗？我怎么看不出来。"

乙:"比方说，你喜欢的人在你面前很娇弱，你处处都想保护她。然而工作中的她很坚强，不怕吃苦，朋友中的她也许就又是另一面了。"

甲:"你说到这儿，我发现有点误会我女友了。我总觉得她有点故意装。"

乙:"也许你忽略了某些东西，才会产生这样的想法。只要你留心观察，就会看到其实对方很为你着想。"

冷读者明白，爱情无所谓对错，它需要的是一份表达，一种关切，甚至一个信任的眼神、一种鼓励和理解。

还有一些人，在爱情中反应迟钝，交往三年了，连手都没牵一次，真是一件让人懊恼的事。如果学会冷读术，就可以轻易解决这个问题。爱情专家尼尔·施特劳斯总结了判断对方兴趣的指标。

第一个指标是，初步交往后，对方是不是主动问你的名字。

第二个指标是，她会不会问你有没有女朋友，或者有过几个女朋友。

第三个指标是，当你们见面时，如果你忽然紧握一下她的手，对方是不是也紧握回来。

如果是，你想都不要想，挑一个好点的环境，直接问她"你愿意亲我吗"。对方愿意，那就美梦成真；如果不确定，或者吞吞吐吐，你就说我们试试看吧；万一对方说不要，你就激她："我又没说可以，你这么紧张，是不是对我有想法啊？"总之你要敢于迈出这一步。

第三节　学会以诈防诈

谎言与诈术，在生活中以各种形式存在，有时候你分辨不出来，可能就会被谎言或者诈术所欺骗。作家刘墉说过："我不是教你诈，是教你认清人性，教你认识别人的诈，教你保护自己。"

学好冷读术，保护好自己。

开放的心灵

一只猴子坐在河边的石头上，认真地涮洗着香蕉皮。鳄鱼游过来好奇地问道："猴子，你这是在做什么呢？"

"你给我一美元，我就告诉你。"

鳄鱼扔给猴子一美元，"现在，你说吧。"

"我在扔掉香蕉皮之前，要把它洗干净。"

"真是一只笨猴！"

"说我笨，我一天要在这儿挣上几十美元呢！"

生活中，一些人总是认为自己足够强大，像鳄鱼一样无视一切，可是骗子总能恰到好处地找到他们心中的缺口，使之上当受骗。骗子之所以能够得逞，主要是懂得利用受害人的好奇、贪婪、善良等心理特征。

现在的我们心灵开放吗，还是我们根本就不设防？

不管你如何包装自己，小心翼翼地隐藏着内心的秘密，善于冷读的人还是能轻易地打开你的心扉，使你心随他转。

第一章
冷读术的真相

不信的话，你可以试试这样一个小技巧。

站在公交站牌下，你和一位同事一起等车。你的同事用很小的声音哼着曲子，你则若无其事地用脚轻微地打着节拍为其伴奏。这样听了一阵子，慢慢地，你变换了节奏，对方也跟着变换了节奏。接下来待到上车后，你对同事说："你刚才的曲子很好听啊，不过好像后来又换了。"对方会惊讶地说："哦，是吗？我没感觉出来啊。呵呵，觉得想哼就哼了。"

你的同事当然不知道是你让他换了节拍！这样的技巧不只是算命师和冷读者的专利，也是许多职业或商业人士惯用的伎俩。

"嘿，上次见面的时候，你给我的电话号码怎么打不通啊？"
"啊，应该不会吧。"
"这样吧，你再说一遍我对一下。"
"哦，139××××××××。"

就是这样，我们的内心轻易地开放了，泄露了自己的秘密，事后才反应过来："我什么时候告诉过他啊？"

那么，为了防骗，我们是不是可以把自己封闭起来，不让任何人接近呢？这正如为了防止吸入流感病毒，而不让自己呼吸一样不现实。

斯坦福研究中心做了长期的跟踪调查，他们发现一个成功的人所赚的钱，12.5%来自知识，87.5%来自关系。也就是说，积极的人脉关系是当今社会人士成功的关键力量。这也告诉了我们，不管外界如何，我们都不能因噎废食，必须以开放、进取的姿态与他人交往。只有这样，我们才能处处逢源，事事顺利。

正因为如此，我们需要学会冷读技巧，才能有效应对。

骗的就是你

简单的话也可以不简单。说不定，正是一句简单的话，泄露了天机，被人耍得团团转呢。

我们来看一些例子。

试探者："听说老总最近要裁人了，你知道吗？"
回答1："是吗？怎么这么突然啊？都没听见风声。"
回答2："不会吧，这么快啊？"

听到这两种回答，你有什么反应？第一种回答，很明显是不知情，是正常的反应，也不会让人产生怀疑。而第二种回答，就让人猜想了："这么说来，你知道这事了？"也许"这事不会跟你有关吧"。

冷读者只是轻松地随口问问，效果就出来了。这不是欺诈对方，这是冷读语言的魅力。用一些巧妙的话来询问对方，对方的立场自然暴露出来了。我们再来看一个例子。

"告诉我你手机的音乐铃声，我就知道你喜欢什么样的人。"
"真的吗？你不会是想骗我吧？"
"你是一个小心谨慎的人，不证明一下你很难相信啊！"
"小心一些没有错的。不过听你这样说，我可以试试，我的

第一章
冷读术的真相

音乐是……"

冷读者询问手机的音乐铃声，对方没有直接说"是吗？如果我的音乐铃声是……你试试吧。"而是带着疑问地反问，这就透露出她的性格了——小心谨慎。冷读就在对方接上话的时候开始了。

一句话因为理解不一样，做出的回应也是各种各样的。冷读绝不是让你去诈，是让你在这些各种回应中寻得"机关"所在，在瞬间说中对方，赢得对方的信任。

以诈止诈

心理学家罗伯特·费尔德曼曾经做过一个试验，具体的过程是，先用隐蔽的微型摄像机录下人们的交谈情景，当然人们并不知道被录了像；随后他和助手研究这段录像，目的是计算人们说谎的次数。结果让人们很震惊：一个人平均每三分钟就说一个谎话。

人们的话语间竟然隐藏着这么多谎话，这就难怪假算命师能成功实施诈术，而我们却也乖乖相信。你在日常与人交谈中，尤其是与认识的人，都没发觉谎言的存在，你面对擅长冷读技巧的骗子、算命师，就更难识破了。

◎ 骗子的行骗哲学

任何欺诈者的谎言都是刻意，或者是认真编造的，纵使它再怎么完美，也会露出马脚。只要你仔细听，就会轻易地发现他们的漏洞。

骗子的行骗策略是先赢得他人信任，再开始行骗。在设局中,让他人信任得越多,就能骗取越多的财物。于是,更多的行骗者的核心技能就是不断地琢磨如何赢得他人的信任。

仔细想想,无论是谈恋爱、人际交往、教育培训还是做销售、接待客户、商业合作,任何形式的交流都需要从赢得对方的信任开始。只有到了达成信任这一步,才有后面的实质性接触。从这个角度来说,无论是骗子还是算命师,他们用来赢得他人信任的技巧有着许多值得我们学习的东西。

学习这种技巧不是用来行骗,而是用来构建和掌控积极的人际关系,以及做到以诈止诈。

◎ 听出弦外之音

学会冷读技巧,可以帮助我们发现事实的真相。

问话者:"你怎么现在才来?我都等你很久了。"
撒谎者:"车坏了。"
未撒谎者:"我的车坏了。"

如果对方总是反复地省略"我",那他就有被怀疑的理由了。人在说谎时,都会尽量避免使用人称代词,尤其是"我",因为当说起"我"字时,会不自觉地心虚、颤抖。为了掩盖,当然要避过去。

警方:"请问你昨天晚上9点到12点在干什么?"
嫌疑者:"我坐公交车回到家,先给我女朋友打了个电话,然后看电视、洗澡,就睡了。"
警方:"这样吗?请你再说一遍。"

第一章
冷读术的真相

嫌疑者："嗯，我先坐车回家，然后给女友打电话，然后……最后是看电视、洗澡、睡觉。"

当询问一段时间内具体的所做所为时，一般人回忆的时候难免出点错，像上面那位嫌疑者，能毫不喘气地说下来，不得不让人怀疑啊！

◎ 看出行为背后的秘密

甲："送你的生日礼物，希望你会喜欢。"
撒谎者："我喜欢这个！"（说完后才露出笑容）
未撒谎者："我喜欢这个！"（说话的同时露出笑容）

如果对方的手势或表情和说话的时机不对，那么他很可能就是在撒谎。

"我觉得经理应该不会采纳新来的那个职员的企划，你觉得呢？"
"我同意你的观点。"他一边说一边用手摸着脖子。

这个就简单了，为了掩饰不同意的观点，用手挠挠脖子，就躲过了。类似的还有用手抓耳朵、拉拽衣领、用手摸鼻子等，都是掩饰谎言的常见动作。

情商之舞

人际关系的处理过程是一个解读人心的过程。冷读术就是这样的一个工具，它不仅让你的沟通愉快，还可以引导你建立一种积极的、充满信赖的人际网络，充分展示你的情商之舞。

善于运用自己的情商，借助冷读技巧，可以有效化解对方潜意识中的抵触情绪，在对方潜意识里投下我们美好的一面。

A："你今天怎么当宅女了啊？"
B："心里不舒畅，不想出去。"
A："我想你平常一定是个大大咧咧、十分开朗，而内心有时却又向往安宁独处的人吧！"
B："什么意思？"
A："其实我们的心灵也需要安慰，如果每天都让它处于激动状态，难免会受不了。像现在，让它和你一块儿放松休息也不错。"
B："虽然我一时还静不下来，但听了你的话后很舒服，我心里也是这样想的。"

虽然不知道为什么，但就是让对方很舒服，冷读的魅力尽显无遗。一个让人感觉到幸福感或者舒服感的人，才是人际交往中的赢家。让人感觉舒服不是说讲的话一定是真理，而是能够建立一种让人信赖的关系。

我们再来看一个例子。

"想不到你除了爱玩爱闹，有时还蛮细心的。"
"呵呵，你挺会说好话的啊！"
"不是好话，是一种感觉。就像是想到苹果，就会感受到它的清甜可口。看到你，就很舒服。"

第一章
冷读术的真相

"呵呵,是吗?这种比喻倒挺新鲜的。"
"怎么样,交个朋友吧?"
"行,……"

冷读,就是利用我们的观察力来观察对方的言行、衣着、外貌,感受和理解对方的心思,然后用准确有效的说话技巧表达出来,从而赢得对方的信任。

轻松地生活

冷读术,可以让你的工作、学习和生活更顺利。

想象一下,你的家人因为你的细心感到幸福,一句"有你在,我很满足",于细微处传递深情;又或者在工作中客户对你表现出自然而然的信赖感,让你们的对话轻松顺畅。

我们不妨看一个生活中的例子。

丈夫:"劳拉,你在干什么?想把邻居都吵醒吗?都几点了啊?"

劳拉:"哦,我只是想把书都整理好。这是好久之前就应该做的事,一直拖到现在。"

丈夫:"先休息一下,近段时间发生太多事了,我能看出来你想好好整理你的心情。"

劳拉:"所以我想整理下书,没准我能发现什么呢!"

丈夫:"嗯,劳拉,你是个开朗的人,尽管有时候不想说话而想独自安静会儿,但是我相信你一定能很好地调节自己。"

劳拉:"谢谢你的信任。你先去休息,我过会儿就睡。"

冷读术：瞬间抓住人心的沟通技巧
（精装典藏版）

面对丈夫的埋怨话，劳拉如果用同样埋怨的话回复："这里都乱成这样了，也没人收拾，我收拾一下不行吗？"接下来战火也就开始了。同样，丈夫听到劳拉的语气很疲惫，而且很孤独，他明白劳拉的心情正在低谷中，于是改用一句善解人意的话，让劳拉舒服了很多。

生活中需要一点冷读技巧，它能使你的家人及朋友感受到关怀、爱和信任，工作中也是如此。

朱×，美院毕业的学生，现在在房地产公司售楼，目前没售出一套房。同学告诉他一位教授所住的宿舍楼要拆，让他去试试，于是朱×来到了教授家。刚进屋，朱×看到教授的儿子在画画。

朱×："您好，教授，我是××的同学，他跟您说了吧？"

教授："嗯，我知道。你先说说你的房子吧！"

朱×介绍完房子后，教授儿子的画也快画完了，其间朱×还不时看了几眼。

朱×："大概的情形就是这样，您觉得如何？"

教授："你说的跟我知道的差不多，之前几个房地产销售员都是这样说的。"

朱×看出教授没有购买意向。这时，他看见教授儿子的画有几个小错误，不由自主地走过去，和这个男孩交谈了起来，告诉他不足之处，还帮他修改了一下，画面的立体感马上就出来了。

朱×："教授，您儿子很喜欢画画，想必您也懂一些吧？"

教授："你是学画画的？功底不浅啊。我对画只是一知半解，有时看着他的画明显感觉缺点什么，可也不知怎么改，你帮了

第一章
冷读术的真相

我大忙啊!"

朱×:"这没有什么,您客气了。其实就像买房子一样,只要您认真观察,一定能看出各个公司之间的差异。"

教授又了解了一些朱×的背景,最后说:"这么多房子,如果要考虑的话,我为什么不考虑你这个穷学生的呢,我会带着其他几个也要买房的朋友去看房的。"

简单的一个插曲,转变了对方的印象,委婉地说出对方想听的话,这就是冷读的策略——先取得对方的信任,再为自己赢得胜利。

第二章
开启你的冷读系统

如果你的冷读系统处于休眠状态,那么你在社交、工作上很可能就会受制于他人。现在,请跟随我来,开启你的冷读系统,让它帮你展现完美的自己。

第一节　训练你的观察力

每个人在举手投足间总会暴露他的情感、智慧和心性，能否察言观色，以此作为突破口打破人际交往中的壁垒，是成功冷读的基础。

由眉毛看穿人心

肢体语言中的一些小细节，都可能蕴含着一些丰富的信息，比如一个人的眼神和眉毛会随着内心世界悄无声息地发生变化。只要我们多加注意，就能通过这些细节掌握对方的心思。

在朋友的聚会上，你的朋友向你介绍不认识的朋友时，如果对方眉毛上挑，则意味着他对你保持着些许抗拒和排斥。你应该礼节性地打声招呼，与对方握手。好了，到此为止，不要靠他太近。如果对方感觉你不错，他会主动和你闲聊。否则，你的主动只会让他感觉不舒服，因为这个朋友目前还不想接受你。

这就是眉毛传达给你的信息。事实上，只要你善于观察，眉毛还能传达更多的信息给你。

在日常生活中，善于观察的你还会发现，一个人在说谎的过程中会有揉擦眼睛、不自然地笑等动作，这个动作一般代表人的伪善或者心虚。

由眉入心，能够有效地读懂他人，这是冷读术教会你的社

第二章
开启你的冷读系统

交技巧之一。

当你进入一个群体时,如果有人看着你,眉毛呈拱形,那么他是欢迎你的;而如果对方斜视着你,那么你就要小心了,对方不喜欢你的加入。

当一个人虚伪地向你打招呼时,他的眉毛是向下弯的,而且举起来的胳膊也不够高。

当你和对方说话、谈事时,如果对方对你的话有疑问或感兴趣,他的眉毛就会上扬。

业务员:"王总您好,这是我们公司最新的产品,它拥有最好的性能,是目前相关产品中最好的,您一定对它有兴趣。"王总只是简单地"哦"了一声,但业务员精明地发现王总的眉毛上扬了一下,于是业务员接着说:"关于这个产品的性能相信其他推销员也有类似的介绍,您给我五分钟时间,我直接给您最低的价格,让您考虑。"王总的公司正需要这个产品,所以他就带着业务员进办公室了。

眉宇间自有大宇宙,一动一静暗含着悲欢离合、快意恩仇。如果你不想被冷读,除了将自己练得处世不惊,还需要做到洞察人心、审时度势。

由下巴看穿人心

当与人交谈时,我们会发现对方托住下巴认真倾听的姿势会慢慢改变。他常常会将一只手放在脸颊旁边或者下巴正下方,将大拇指和其他手指分开,然后抓捏住脸颊或者下巴。在倾听的过程中,他的手会轻轻摩擦着下巴。这个姿势告诉我们,对方此时大部分精力并不是用来倾听和思考的，他更多的是在斟酌演讲者观点的正确与否，随后根据自己的判断做出肯定或否定的判断。

当对方开始抚摸下巴，考虑自己肯定或否定的观点时，接下来的动作变化将十分重要，因为接下来的细微肢体动作将直接告诉我们对方是肯定你还是反对你。这时，作为信息发布者，我们必须冷静、仔细地观察对方细微的肢体动作，从而准确判断对方的观点和立场。

小时候，当我们犯了错误，在回答班主任的问话时，我们总是压低下巴，低着头，不敢正视老师的眼睛。这时，我们压低下巴的姿势传递的是不安和愧疚的信号。

而当我们是成人时，在和对方交谈的过程中突然压低下巴，移开自己直视对方的目光，往往不是因为我们犯了错，而是因为我们对对方的话产生了相反意见，我们不想继续给予对方积极的眼神支持和其他身体语言方面的肯定。我们压低下巴、低着头的时候往往会形成批判性的意见。也就是说，成人版压低下巴的姿势是否定对方的信号，如图2-1所示。

任何一种肢体语言，背后的含义都不是唯一的，在实施冷读术的时候需要根据当时的情境具体对待。

图 2-1 低头、压低下巴的动作在很多工作、商务场合经常见到，它表示否定态度或者沮丧的内在心理情绪

在和客户谈判时，你在介绍产品，对方抚摸着下巴，这是典型的思考神态。它的含义是：我在思考，请不要打扰我。这

第二章
开启你的冷读系统

时候谈话的一方就要适当放慢谈话速度，给予对方思考的时间。

两个朋友在咖啡厅聊天，一方在滔滔不绝，另一方眼神游离，用手支着下巴在听。其实懂得这个动作含义的人都明白：说话者该停止了，或者让对方说话。因为对方支着下巴就是在告诉你"我很累了，不得不支住下巴努力听你说"。

作为冷读术的修炼者，除了需要通过这些细微的神情了解对方的心思，还要通过这些技巧保护自己。

李×谈了个女朋友小颖，小颖很精明，在学校年年拿奖学金，对社团活动也很积极，但就是说话举止很伤人。室友买了件衣服，很漂亮，她却不正眼看一下。李×和她说话时，她总是头抬着往上看，下巴抬得老高。李×跟小颖提过意见，但丝毫未见改变，最终李×因为受不了小颖这样而提出了分手。

下巴抬高的人往往认为自身有一种优越感，有一些骄傲自大，有一些不谙世事。

由面部看穿人心

面部表情是人的情绪表现的直接特征之一，正如法国作家、社会活动家罗曼·罗兰所说："面部表情是多少世纪培养成功的语言，是比嘴里讲的更复杂千百倍的语言。"

面部表情泄露着一个人的内心世界，冷读者可以根据这个秘密渠道所传达的信息瞬间看透对方。

比如老板突然袭击，出现在你背后，关切地问道："工作进展得如何啊?"

你一边把画面迅速切换过来,一边思考该怎么说,因为你没有事先考虑到可能出现这样的问题,紧张让你变得迟疑、说话不流畅。最终,你瞒天过海说了两句,但真相因此暴露。虽然你的迟疑表情一闪而过,但老板仍然看穿了你的谎言。

在真实的社会交往中,面部表情会在不经意间泄露内心的真相,而且在大多数的时候自身是不知的。因此,这也成了我们判定他人是否说谎的最好方式之一。

◎ 左脸的情感变化更丰富

面部是表达情感和态度的首要信息源,细微瞬时的面部表情本来就不易察觉,如果你遇上一个说谎高手,他又充分准备了要说的谎言,你可能就无从分辨。那么,教你一招:从左脸判断。

左脸会更加清楚地把他的谎言展现出来,具体表现就是:犹豫、僵硬、凝固,你会发现那半个脸是如此不协调,如图2-2所示。

我们常常可以在公共汽车上看见电影明星或模特儿的侧面广告。当时并没有任何特殊感觉,现在回想起来,那些人物广告和海报似乎都是左侧面。

比如,有人拿张无意义的

图2-2 为什么大多数影视明星广告都是左侧脸?心理学研究表明,左侧脸更容易展露内在的感情变化,从而给人以深刻的印象

第二章
开启你的冷读系统

相片给你看，借此判断你性格的特征。原本左右十分对称的照片，你却容易被脸的左方所吸引。又有一张脸谱照片，左方为气愤的表情，右方为微笑的表情。你看过后，会被左方生气的表情所吸引，并留下不易磨灭的深刻印象。

心理学家研究发现，其原因是眼球的右侧（对方眼球的左侧）容易移动，故人的观察视觉比较容易集中在对方脸部的左侧。同样，配合眼球的活动，感情在脸部的左方比较容易显现出来。如果从用脸的同一边所合成的照片来看，左脸比右脸的感情流露更为明显。如果你无法抓住对方心理，下意识地看看他（她）脸部的左侧，大致可略知一二。

◎ 眼睛是心灵的窗口

在人的面部表情中，眼睛是一个很重要的信息窗口。一般情况下，眼睛正视对方表示庄重，仰视是思索和尊重，斜视则意味着轻蔑，俯视即向下看则是羞涩。在看到喜欢的人或物时，瞳孔会放大，相反则会缩小。

当你逛街看到心仪的饰品或其他的东西时，你的行为表现是驻足不动，而你的眼睛一定是盯着它，眼神犹如发光一样看着它。

当你远远看见讨厌的人走过来时，你的眼睛一定眯成一条缝，转而寻找其他的路去走。

当你打开电脑，搜索出今天的股市行情，看到你买的股票大涨，你也一定会瞳孔放大，眼神发亮，恨不得趴到电脑跟前。

◎ 嘴巴的秘密

在我们的面部表情中，还有个不可忽略的部位就是嘴。嘴唇闭拢，表示端庄自然，安静无事；嘴唇半开，表示惊讶、有疑问；全开则表示惊恐、惊惧。嘴角向上，表示高兴、喜悦、善意；嘴角向下，表示不屑、沮丧、悲伤。嘴巴撇起，表示不满、生气；嘴巴紧绷，表示愤怒、克制、决心已定。

两个女同事正在讨论另外一个刚刚获得升迁的女同事。其中甲说道："她专业能力很强，而且非常会处理人际关系。"说完，甲露出了紧闭双唇式的微笑。乙对答："是的，她非常知道自己想要的是什么，目标特别明确。"说完，乙也露出了紧闭双唇式的微笑。其实，两个女人都没有说出她们的真心话，她们抿着双唇微笑的动作告诉我们，她们的真心话应该是："这个女人野心也太大了，这个女人是个爱出风头、会魅惑男人的小妖精！"

我们常常在电视上和杂志上看到一些名人在微笑时紧闭着双唇，嘴角向后拉升，不露出一颗牙齿，整个嘴唇成一条直线。这个微笑的含义是："我并不太赞同你的意见，我的内心深处藏着你不知道的真实想法，我也不想告诉你。"例如，很多人在面对不中意的相亲对象或者自己不认可的领导时，面对对方的反应总是紧闭双唇微笑。这种微笑其实就是一种形式温和但明显表达拒绝和反对的微笑，如图2-3所示。

有个记者说，他采访了很多成功人士，他发现成功人士

图 2-3　如果一位女士在你说话的时候保持图中这个微笑，你会想到什么？真实的答案是：对你表示尊敬，但对你说的话她不置可否

第二章
开启你的冷读系统

都有一个习惯，那就是在被问及成功的细节问题时，他们总是抿嘴微笑，然后一带而过。他们这样表现的原因是他们并不想把成功的细节公布于众，他们对于此类问题有抗拒意识。

由手势看穿人心

手部的动作通常和所说的语言是一致的，这也可以成为我们实施冷读术的切入点，如果你看到对方的动作和语言有不协调或冲突的地方，也就意味着对方隐藏了真实的想法。

一个电脑销售人员对一个顾客说："这款电脑配置高，双核的，2GB 的内存，300GB 的硬盘，而且只要 9000 多块钱……"这位顾客看了一眼电脑，下意识地用手指摸了一下耳廓背后，把头转向一侧，说："我再考虑看看。"如图 2-4 所示。

图 2-4　用手指摸了一下耳廓背后

这时，如果继续游说对方买这款电脑，结果很可能不会成功，因为对方摸了一下耳廓背后，表达出听话人"非礼勿听"的企图，他想通过摸耳朵来阻止这些话完全进入自己的耳中。

事实上，不仅如此，诸如拉拽衣领、抓挠脖子等肢体语言都或多或少地传达着口是心非的意思，它们的背后往往代表着排斥、拒绝、不认可等态度。

当然，手势还可以反映以下这些情绪状态。

当你胜利渡过难关或完成工作任务时,你会叹一口气,做出"V"形手势,表示喜悦。

当你被对方骂得狗血淋头,而对方还是你的老板时,你一定握紧了拳头,想要一拳打出去,可是理智让你松开拳头,走出去了。

你和对方谈话,对方的双手放在兜里,你一定要明白对方或者还有不信任你的戒备心理,或者还有不可告人的秘密隐藏着。

你和朋友聊天,突然朋友在说话前用手摸了一下鼻子,那么你要知道他可能要说谎了。

正如有人说的心灵手巧,心和手是相通的。内心的所想,手部动作就一定会有所体现。只要你找到其中的秘密,就可以轻松地冷读他人。

由体态看穿人心

大多数人对自己的面部表情比较注意,会有意识地控制它们,却忽略了腿脚的动作,也就很少加以掩饰,这也恰恰给了我们冷读的机会。

有人曾经做过一个试验,让班级里的学生上自习课,在他们不知情的情况下用一台隐形的摄像机拍下所有人的无意识动作。当把录像的内容呈现在学生面前时,学生很惊讶,接着就听到这样的话:"这不是我吧?我怎么老抓头发啊,我怎么不知道啊?""我怎么转笔这么多次啊?""我的头为什么总歪着啊?我明明感觉很直的。""我的腿怎么一直在抖动啊,我怎么没感觉啊?"如此等等,他们都很惊讶于自己的动作。

第二章
开启你的冷读系统

在这些体态动作中,尤其是站或者坐着时的腿脚动作,是最真实的,也是最容易被冷读的地方。美国心理学家说,无论你是坐着还是站着,你双脚的位置总会泄露你的一些特征。

人的腿脚动作所表现出来的含义是非常诚实的,我们必须清晰地认识到这一点,并用于自己的人际交往中。

在与人交谈时,当对方的脚的位置发生变化时,你一定要弄清其中的含义。如果对方的脚不再朝向你,而是向其他方向转动,你要意识到可能出现问题了;如果脚尖无意识地向某个方向转动,你要知道对方可能要走了;如果对方的脚不断转向摆动,则对方可能不想离开,可又不得不走。

习惯性的动作或姿势,正是我们观察他人所必须留心的,这些细微的体态语言很大程度上告诉了对方与我们交谈的态度。

坐时双腿分得很开,当然女性可以稍小些,这样的人就很豪放、不拘小节;而两腿和两脚紧紧并在一起,两手放在膝盖上,规规矩矩的,这样的人就比较温顺、内向,也会有些拘谨;坐着时两腿交叉,这样的人比较沉稳、冷静,做事也比较踏实。

站姿呢?一个人站得笔直,说明这个人比较有自信,做事有魄力,当然军人经过训练也能站得笔直;一个人站着时喜欢把重心放在一只脚上,说明这个人比较有责任感;喜欢双手交叉放在胸前站着的人,比较谨慎,防范意识也比较强。

站姿和坐姿有着变化丰富的模式,应用到具体的人际交往中,我们应结合实际情境去理解和把握,绝不可以生搬硬套。

第二节 适度地表现自己

观察力是冷读术的基础,表现力才是冷读术的核心。这里,我们首先介绍有效利用肢体语言表现自己的技巧。

在人际交往过程中,如果我们通过冷读技巧制造可以为他人所接受的意象,让对方相信我们的表达,从而获取对方的欣赏和信任,将有助于我们构建积极的人际关系。

用爱去交流

有网友说冷读术是一种高度同理心的表现,这话不假,它是将心理学中的换位心理发挥得淋漓尽致的结果。

当我们了解了冷读术的基本含义,并且能够通过察言观色的技巧了解对方的心思后,我们就得学会顺着对方的心理去交流。只有打开对方的心扉,引起对方的共鸣,冷读术才能发挥出它迷人的魅力。

在与人交流中,为了消除对方的自我防御心理,我们需要移情换位,必须按照下面4个要求与对方进行交流。

◎ 娓娓道来,不强势介入

冷读术不是猜测对方,用猜测的心态交流总有失手的时候。冷读术需要的是娓娓道来的好心态,说中了和没说中都似细雨润物不露痕迹。

在我们的生活中,如果被他人偷窥了内心所想,即使对方没说中,我们也是有一些警惕和害怕的。我们会以为"他一定

第二章
开启你的冷读系统

没安什么好心,想图谋什么吧",这样冷读就彻底失败了。

实施冷读术既要说中对方,又不能表现得太厉害,要委婉和圆润。即使说中了,我也不是在猜测,我只是在解释我的内心所想。我的话语,只是你善意的升华,是你自己打开了心扉,接受了我。只有做到这样,对方才会心情平静,主动地与我们交流,说出他内心的秘密,冷读术也才会展现出它的魅力。

这在心理学上叫作情境同一性。心理学家指出,人际交往过程是一个双方互动的过程,这个过程包括交往对象和交往情境。如果在交往过程中我们能进入对方的情绪状态之中,和他同喜同悲,那么就建立起了与对方共鸣的情境,也就能赢得对方的热情回应。

一些初级算命师或者冷读术爱好者,往往不能领悟这个道理,在与对方的沟通中,往往容易被逼入死胡同。

"你最近工作出了一些状况吧?"(常用的例行问题导入,关于例行话题的相关知识后面将会深入解读)

"嗯,是有一点,我昨天被老总批了,心情郁闷极了。"

"是吧,看你样子我就知道肯定是这样啦!"

"什么啊?"

"就是,你不怎么说话啊。"

"我凭什么一定得说话啊,我高兴的时候也常常不说话啊。"

"……"

优秀的冷读者一定不会让自己陷入这种绝境中,就像前面所说的,他们首先会营造一种让对方信任的情境,这样一来,说的话准确不准确倒在其次了。

"你最近工作很累吧？即使有些麻烦，也要注意身体哦。"

"是挺操心的，昨天还被老总批评呢！"

"其实也没什么了，有些时候只是需要一些时间让他理解罢了，你肯定可以的。"

"谢谢你能这么说，我想也是的。"

"我曾经也遇到过这种情况，虽然内心很纠结，不过像你一样我也是保持着信心呢。"

"确实，这件事我只要用心去做，也没什么大不了的，说不定还会做得更好呢。"

"这是当然啦，只要你用心去做，一定难不倒你。"

"也是，要不我们晚上一起去吃饭吧。"

◎ 为对方好，说他们想听的话

同理心的最大要义就是处处站在对方立场，满足对方的心理需求，为对方好，说他想听的话，这也是冷读术中移情换位的第二个要求。

我们看看下面的案例，就会明白其中的道理。

A："你好，你每天都走这条路吗？"

B：（没回答，用警戒的眼神看了一眼，想："你是谁呀，为什么这么问？"）

任何一个正常的人都不会告诉他这个答案的，但是，如果换用一种冷读技巧的话，结果就会不一样。

A："我的意思是这几天这条路出现拦路抢劫的了，你小

第二章
开启你的冷读系统

心点啊,可以的话绕别的路。我本来也是走这条路的,现在绕远了。"

B:"哦,这样啊。那请问我可以绕哪儿走呢?"

A:"这样吧,我先带你走一段吧,你很快就认识了。"

在这个对话中,路人A在B的警惕眼神下先向B敞开心扉,说出目的,然后对方明白原来这个人是为她好。警惕心没有了,心与心的距离也就缩短了。

只要你善于观察,以对方的立场为自己的立场,就可以轻易地实施冷读术。

"你平常不是一个爱开玩笑的人啊,这有点可惜啊。就像镜子一样,只能照到你的一面,其实你内心蛮有幽默细胞的,而且很能搞好气氛,只是你现在还没有完全释放出来。"

这些话听起来很自然,对方很容易陷进来。如果你直接说"你很幽默啊",那么对方很可能就心想:"他怎么一开始就瞎说呢,难道就为了奉承我吗?"在上面的案例中,在关键的末尾加上了"还没释放出来",这就让对方改变想法了。对方就会自觉打开心扉,会觉得自己真的是那样的。

经理:"小张,你这个项目方案做得不错,如果我们公司有××公司一样的资源的话,那执行这个创意真的会很厉害。"

小张:"哦,经理,从公司领导的角度来考虑,这个企划可能不实际,但作为前辈,您觉得这个方案怎么做才合适呢,能否告诉我?"

经理："哦，具体来说是这样的……"

在这样的对话中，双方都很好地运用了冷读技巧。

其实小张的话已设下埋伏，因为经理是公司的领导，根据实际会拒绝一个不合格的企划；但是他的另一个身份是前辈，这个"新"角色强烈地吸引了他，让他想去帮小张解决问题。

◎ 好好听对方说出自己的心结

找人倾诉或者求助算命师的人，都是因为自己的内心出了问题，想找到答案。所谓解铃还需系铃人，一个人的心结不是旁人能够解开的，旁人所能做的，只是让对方说他想说的话。把自己的想法说出来后，问题也就容易解决了。

在实施冷读术时，第三个同理心要求就是学会倾听。冷读者在与对方交流时，不要急于表达自己的观点，因为自己说什么无关紧要，重要的是让对方获得一次宣泄，把内心的情绪释放出来。

◎ 时刻表现出对对方的关注和欣赏

在善者的内心，每一个男孩都可以是王子，每一个女孩都可以是公主。当我们带着欣赏、关爱将对方视若一位特别的人时，对方必然会感觉到我们的真诚，这样便会在彼此之间迅速建立起信任来。

否则，即使我们掌握了冷读术的语言技巧，但内心做不到这一点的话，也很难取得对方的信任。

高超的冷读者，必然都是先从自己的心灵层面打开一个通道，包容和培育彼此间的信任。这项意识的建立，取决于冷读者

第二章
开启你的冷读系统

在与对方相处时,能否感受到一种惊奇、一份欣赏,"和我交流的这个人,身上的每一个特点都是这么独特,即使缺点都是这么的有趣、可爱"。

在与对方交流中,这样的信念一定要时刻盘旋在心头。当我们这样想时,就算没有用语言刻意地表达出来,这种神情、这种关切也会在我们的言行举止中体现出来,对方也会感受得到。

如果我们在与对方交流时,能够在内心建立起这样的积极信念,那么不管对方是一个怎样的人,都能够在瞬间建立起彼此的信任。

大爱无言,大道至简,冷读术也是这个道理。

学会印象整饰

当我们在心境上有了信任的情感基础,下面就要学会如何通过言行举止更好地表达。

在与他人交往的过程中,交往双方都在不断地评价和判断对方,并产生各种印象,这些印象会影响对方对你的态度。所以,当我们与他人交往时,要选择恰当的言辞、表情,从而给对方留下一个好的印象。这个完善自我形象的过程就是印象整饰[1]。

这是一个浮躁的时代,你永远无法做到隔岸观火。如果不善于包装自己,即使你有不少优点和成就,也有可能不为他人所接受,不被大众认同。适当地运用冷读术,表现自己,推销自己,也是一种生存智慧。

---

[1] 印象整饰是由心理学家高夫曼最先提出的,其对印象整饰的解释是:印象整饰指一个人通过一定的方式影响别人形成对自己的印象的过程。

◎ 以对方的喜好整饰自己

人的外表最容易为他人所知觉，因而人们往往留意修饰外表。例如，求职者在面试时，穿着整齐，面带笑容，身体前倾等，以此增强面试者对自己的良好印象。

◎ 适当地抬高自己

适当地在他人面前表现出自己的能力和热情等。通常，可以在自夸之前先自贬，露出自己一些无关紧要的弱点与瑕疵，再说出自己的优点与长处，使得对方对自己的印象更为深刻和真实。

◎ 因人而异，投其所好

在与他人交往时，为了得到对方的好评，形成良好印象，做到投其所好，可以采取自我检讨、附和、施惠等手段，与对方融洽地交往。

冷读，不是咄咄逼人的攻心术，而是一种温和的引导术，等待对方主动进入，勾起对方的兴趣后，下面的交流就会水到渠成、自然而然了。

下面我们就从手臂和手掌的运用上谈谈印象整饰的具体细节。

张开热情的双臂

在前面的章节中，我们谈了手部动作的意义，手和臂部的动作是一致的，是一个整体表现。在与人交谈的过程中，手臂传达的信息足以让我们明白对方的真诚度。

第二章
开启你的冷读系统

在我的一次咨询经历中,我的一位来访者的情感变化很让我触动。在整个咨询中,她的双臂传达出了很多信息。

来访者坐下后紧抱双臂且交叉,我以温和的语气说:"我们现在开始,我会以真诚的态度和您交流,并且所有交谈的内容都是保密的,请您放心,不要紧张。"这时来访者松了口气,同时手臂也松了些。当我们谈到她为什么感觉丈夫在疏远她时,来访者说:"因为丈夫觉得我不怎么关心他父母。"(来访者不自觉地用手挠了挠脖子)我明白这不是她的真心话,于是我问:"可以具体说说吗?"来访者努力地想说清楚,可是言语断续,我说道:"可以麻烦您再说一遍吗?"最后,她往椅子后背一靠,双手摊开放在腿上,说:"哎,其实是因为他父母要来家里住,我不同意,他就说我不关心他父母,想跟我离婚。"来访者把这句话说出来后,也舒心了很多,我们进入了正题,一起探讨这背后的原因。末了,来访者心里轻松了好多,站起来,问我:"可以抱抱你吗?"我微笑以答,张开双臂走过去,她也伸开双臂紧紧抱住我,说:"谢谢你,我感觉很温暖,我不是孤单的。"

人的言语也许可以骗人,但肢体语言却能把那层伪装卸下来。这次咨询中,来访者从怀疑到坦诚,她的手臂给了我很多的信息,也让我找到了进入她内心世界的通道。

张开双臂,热情拥抱,这个世界便会充满爱。

摊开你的手掌

手掌的细微动作也反映了一个人交流时的心理状态。如果想赢得对方欣赏和信任,那么就需要摊开手掌给对方看,表达出自己的坦诚和接纳。

索菲拿着企划书来找经理。她用整个手掌指着某一处内容，手还盖住了企划书的另一半内容。她的经理很清楚这手势是什么意思，问道："对这部分内容，我还想找你商量，先听听你的看法吧。"索菲很欣赏经理，因为他和自己一样，还有不满意的地方。索菲很认真地说着自己的看法，而不是像抱怨一样说出不满。当索菲的手再次放到企划书上时，已经是手向上地平摊了。

在冷读时主动观察对方，才能瞬间掌控局面。在这个例子里，摊开的手掌，说明自己坦诚，愿意和对方交流；而手掌向下盖住某些东西，说明想拒绝某些东西。

你的手在与人交谈时，喜欢放在哪里？想象如果放在对方的肩上呢？有没有想起曾经有人这样过？如果你的老板把手放到你的肩膀上，你一定有股力量燃起；如果你是业务员，想象把手放到客户肩膀上去谈产品，"哦，他是我的伙伴，能把手放到我肩上，可见关系多好啊"，有这种感觉还怕卖不出去产品吗？

我们都知道，狗在向人撒娇时，会露出它最脆弱的部分——肚子，这是在告诉你它真的没有防御，是彻底地顺从于你。虽然人不会这样的绝对，但是还是可以通过手势，传达出这样一份情意。

需要记住的是，如果不是真的想拒绝或排斥对方的话，就不要抱着胸，或者把手藏在桌子底下。

第二章
开启你的冷读系统

第三节　学会语言换框术

在前面，我们已经就观察他人，以及印象整饰进行了说明。从现在开始，我们将深入地解读如何进行语言表达。

在心理学的研究中，关于语言表达的技巧已经有较多的大师进行过各种各样的研究，诸如 NLP 语言、语言换框等技巧已经较为成熟。而冷读术的创立者石井裕之先生对这部分知识却较少解读，这也使大部分冷读爱好者在语言技巧上缺乏系统性的练习。

语言的体验

冷读术强调，在沟通中我们必须以对方的立场创建一系列的有效意象，引导出对方积极的心理体验。也就是说，我们进行语言表达的意义，不在于我们本身的意图，而在于能够引发对方回应。

在两军对峙中，一座城堡被敌国军队围攻，情势危急。随着战况的不断恶化，守城的军队开始缺水断粮。训练有素的守城军队即使饿死也不愿投降，他们决定把仅有的一点粮食用投石器射向敌军，以示对城堡外的敌人的嘲讽。同样饥肠辘辘的城外敌军，看到这些从天而降的食物，认为城堡里的守军粮草充足，以至于要扔下一些来嘲弄他们。如此一来，这些围城的战士顿时无比沮丧，不得不放弃围攻城堡，仓促离去。

这个案例形象地说明了冷读语言更应该关注对方的感应，做到巧妙地通过表达技巧影响他人的信念。在心理学研究中，这一技巧就是NLP中的语言框架①，它通过语言转换影响甚至改变一个人的心理体验。

在这种语言框架中，话语不仅描绘出心理体验，也常常为心理体验设计指向性的框架。在语言组织中，话语将心理体验的某些感受置于显著位置，而将另一部分体验弱化，以此来架构体验。

例如，我们常常用到一些连接词"虽然""但是""并且"，当我们将想法或体验用不同的词进行连接时，获得的感受是截然不同的。我们不妨将"今天玩得很开心""明天要上班了"两个短句组合起来，体验一下，如图2-5所示。

今天玩得很开心，但是明天要上班了

今天玩得很开心，并且明天要上班了

今天玩得很开心，虽然明天要上班了

图2-5 体验不同的词连接

在上面的三种语言表达中，如果有人说"今天玩得很开心，但是明天要上班了"，这会让我们更多地想到明天要上班，而忽略今天玩得很开心这个事实；如果用"并且"来连接的话，即"今天玩得很开心，并且明天要上班了"，则两件事被强调的程度相同；如果说"今天玩得很开心，虽然明天要上班了"，则明显强化了"今天玩得很开心"这一积极体验。

这就是语言的框架功能。会说话的人，即使是一件不好的

---

① 本节内容参考了NLP大师罗伯特·迪尔茨的《语言的魔力》一书的部分观点。

第二章
开启你的冷读系统

事,也会利用这种技巧为对方描绘出积极的心理体验,这也是实施冷读术的有效手段。

在日常生活中,各种各样的交流和表达,常常伴随着这种语言设框和换框的过程。比如"你已经做得很好了,虽然还有一些瑕疵""你已经做得很好了,并且还有一些瑕疵""你已经做得很好了,但是还有一些瑕疵",其给予沟通对象的心理体验与前面的"玩得很开心"的句式变化是一样的。

在语言换框中,用"但是"会不断损伤积极的心理体验,优秀的冷读者应该尽量避免用这个词,而更多地用一些积极的连接词或转换词,诸如"你一定能够在××事情上获得成功,如果你愿意为此付出足够的努力的话"。石井裕之老师将这种句法演变成一种轻易说中对方的冷读表达模式,且被众多假冒算命师反复运用。这样的话之所以能够获得对方的认同,就在于它的积极指向,它赋予了沟通对象强大的力量感。它用因果关系将"获得成功"和"足够努力"这两种心理体验连在了一起。虽然"足够努力"不是那么让人向往,但是由于将"获得成功"置于体验的前端,使得这个句子具有了强烈的动机感,刺激了人们心中的理想。

一旦我们将两种体验换成"如果你愿意为此付出足够努力的话,你一定能够在××事情上获得成功",就完全不是那么回事了。这就告诉我们,在组织语言框架时,一定要将重要的体验置于语言框架的前端,以引导人们积极思维,促进良好的沟通。

上面说过,在实施冷读术的过程中,要谨慎使用"但是"这个词,因为它会触发消极体验。当我们面对这样的需要时,可以简单地用"虽然"进行换框,以引导沟通对象更多地关注积极的一面。比如,"我们今天能够在一起是一种幸福,但是明天我们还抓不住"就可以换成"我们今天能够在一起是一种幸福,虽然明天我们还抓不住"。

在这里,改变的不再是一个词语,而是一种人生态度。

用语言改变体验

在冷读术中,语言表达同察言观色、印象整饰一样,都是一种交际手段,目的是让对方相信自己,建立起双方心理上的深层联系。

为了更好地获得这种框架转换的语言技巧,我们不妨通过案例来体验一下。

"真的很用心了,你知道我坚持了多长时间吗?可是,谁让他不喜欢我,并且不断地伤害我呢?我很伤心。"

这是一位单恋中的女孩的内心独白。当我们面对这样的语言表达时,各种不同的回复会产生怎样的影响呢?

(1)通过改变意图,引导对方。

如果我们希望对方更加坚强,我们可以将对方的这句话引向正面意图,以缓解对方的悲伤情绪,获得对方的好感。

"当你感受到内心的悲伤时,你可以通过读书和画画让自己变得更为坚强和出色。"(正面意图:坚强和出色)

"你可以暂时将这段感情放在一边,将身心投入到你喜欢做的事情中去。"(正面意图:做喜欢做的事情)

第二章
开启你的冷读系统

（2）通过重新定义指向，引导对方。

我们可以将人们在交流中用到的负面词语转换成意思相近的正面词语，以缓解对方情绪上的不快。

"我想你应该摆脱这种局面。凭什么要让自己成为一个受害者呢？！"（将"不喜欢我、不断地伤害我"转换为"不做受害者"）

"这是一种成长、一种挑战，时间会帮你改变这一切的。"（将"不喜欢、不断地伤害"转换为"一种成长、一种挑战"）

（3）通过链接积极后果，引导对方。

"我想你已经明白了对方不喜欢你，并且不断伤害你。只要你敢于坚持自己的立场，以后就不会再受到伤害，也可以使自己变得快乐起来。"（通过明白现在的处境，使自己敢于坚持自己的立场，不再受到伤害）

（4）通过向下分类，引导对方。

向下分类是将语言中的情境进行拆分的一种表达方式，它可以促使我们将沟通对象原来的心理体验各个击破。

"你可以仔细想想，他是从什么时候开始不喜欢你的，还有他在哪种情况下会伤害你，这样你也许会找到解决办法。"

将原来的"不喜欢"分解成"什么时候不喜欢"，"伤害你"分解成"哪种情况下会伤害你"，以缓解和应对对方原来的悲伤情绪。

这种语法用在商务谈判或者销售工作中，往往可以起到良好的作用。

顾客："我不太喜欢这种款式的产品。"
销售员："那么，您是不喜欢它的款型，还是色彩呢？"

（5）通过向上分类，引导对方。
向上分类是通过暗示一些较大的情境，引导出对方比原来的信念更为积极的心理体验。

"悲伤往往意味着觉醒，它会赋予心灵前进的力量。正所谓，认识到内心的痛苦是改变的开始。"（这里将"悲伤"向上逐级分类为"觉醒"、"力量"和"改变"）
"一段不圆满的爱情会让我们认清爱情的本质，帮助我们在未来找到真正的爱情。"（这里将悲伤向上逐级分类为"不圆满""认清……本质""真正的爱情"）

语言框架的转换技术

学会使用语言框架，会让我们的交流变得更有成效，可以随时调整和控制沟通对象的心理体验，紧紧地抓住对方的心，我们也能知道哪些感受和话题在沟通范围内，哪些可以悄悄地消除掉。

语言框架主要用来改变沟通对象头脑里的固有观点，植入利于情感联系的观点或体验，以此建立双方的信任感。冷读术恰恰是将此技巧发挥得淋漓尽致的一种沟通模式。

（1）从问题框架转向结果框架。
我们在与他人的交流中，常常说："不要老是纠正问题，而

第二章
开启你的冷读系统

更应该关注怎样去解决它。"这句话就是典型从问题框架向结果框架的转移。与"问题框架"相比,"结果框架"更多的是出于建设性的指向,也就更容易获得他人的认同。

通常,问题框架强调"发生了什么问题"、"应该避免什么",以及"是谁的责任"等体验,这就导致了这种语言模式不受欢迎。相比之下,结果框架聚焦于渴望的结果和效果,以未来的积极可能为导向,满足了人们内心的体验需求,也就更加容易赢得他人的认同。如表 2-1 所示为问题框架和结果框架的转化。

表 2-1 问题框架与结果框架

问题框架	结果框架
出了什么差错	想要赢得什么
为什么会发生问题	致力于怎样的目标
是什么原因导致这些状况的出现	通过什么样的路径实现它
是谁的主意?谁应该为此负责	有哪些可以调配的人员和物资

在结果框架的语言模式中,将问题式的陈述重新转换为目标导向式陈述,使得负面信息通过换框变得更为积极和温和。

在这种语言情境中,任何问题都可以转换成一次挑战或机会。诸如"我失恋了"可以转换成"可以展开一场新的恋情","我的工作出了差错"可以转换为"我的职业还有较大的上升空间"。

这就告诉我们,要永远保持积极的交流语境,以此主导沟通对象。虽然在交流中,我们不能抹杀问题的重要性,但陷入问题中则容易引发沮丧的情绪。而当我们将结果或渴求重新摆上第一体验时,则常常会激发我们找到更好的解决之道。

（2）改变框架大小，引导内心体验。

小时候，我们常常会因为一件小事与其他的小朋友闹翻，但现在回忆起来，反而有一些美好的体验。这就是将小时候的事放到了现在的时间长段上来看了，通过改变时间框架的大小，稀释了对这件事不好的一面的体验。

框架转换前："烦死了，我每天都要面对这些人和事。"
框架拉长后："其实也没什么啦，现在的折磨，等到几年后就是一笔财富啊！"
框架转换前："真的很用心了，你知道我坚持了多长时间吗？可是，谁让他不喜欢我呢，并且不断地伤害我。我很伤心。"
框架拉长后："当遇上真正合适的人时，对现在这个曾经爱得要死要活，痛到不能呼吸的人，也会慢慢淡忘。"

有些销售人员在销售过程中，常常通过转换框架大小，影响顾客的判断力，以达到成交的目的。

某夫妻一起去看房，妻子看中了一套休闲住所，但老公嫌价格贵了一些。
销售员礼貌地问："先生，您在这边住多久呢？"
"最少也要 30 年吧，我是想在这边度过余生的。"
"好，您的预算是 200 000 美元，而这栋房子的价格是 380 000 美元。那么，用之前的差价 180 000 除以 30 的话，每年多少钱呢？"
"6000 美元。"
"再除以 12 个月呢？"

第二章
开启你的冷读系统

"500 美元。"
"一个月 500 美元,每天多少钱呢?"
"这样的话,17 美元。"
"您是愿意每天多花 17 美元以拥有一个乐观幸福的太太,还是愿意省下这点钱面对一个郁郁寡欢的太太呢?"
"当然是前者。"客户爽快地回答。

(3)改变情境或意义,引导内心体验。
我们不妨体会一下那些隐含着人生智慧的佛语,来了解情境框架这种语言模式。

问者:"世间为何有那么多遗憾?"
佛曰:"这是一个娑婆世界,娑婆即遗憾。没有遗憾,给你再多幸福你也体会不到快乐。"
问者:"为什么总是在我悲伤的时候下雪?"
佛说:"冬天就要过去,留点记忆。"
问者:"为什么每次下雪都是我不在意的夜晚?"
佛说:"不经意的时候,人们总会错过很多真正的美丽。"
问者:"那过几天还下不下雪?"
佛说:"不要只盯着这个季节,错过了今冬,明年才懂得珍惜。"

一件事可以一分为二地看,通过改变情境或意义,可以很好地引导对方,使对方产生积极的心理体验。诸如"小孩子调皮捣蛋"可以转换成"小孩子活泼可爱";反感女朋友没事总打电话了解行踪,可以转换为"有一位女孩,时刻在关心着你,牵挂着你,是一件幸福的事"。

(4)将批评转换为关切,引导积极体验。

教育家说过,批评只是让孩子不变得更坏,而没有教会孩子如何变得更好。这个道理,在成人世界里照样适用。在实施冷读术的过程中,尽量不要用批评性的词语,而要转换为关切性的询问,这会使对方产生积极的情感体验。表2-2为批评转换为关切。

表 2-2 批评转换为关切

批评式的表达	关切的询问
这是一种浪费	想想如何有效地利用资源
怎样才能避免错误呢	有什么办法可以轻松、准确地完成它
这个项目的成本太高了	怎样才能确保这个项目经济、实惠呢
这真是一个愚蠢的主意	怎样做会更好地体现我们的智慧呢
你能不能务实一点呢	你怎么样让它更容易施行

(5)从不可能框架转向"就像"框架。

"就像"框架的转换技能,是指将未实现的体验表现得"就像"已经实现了体验。

"你可以尝试着按照这种方法去实施,心中想象着它已经成功了。"

"你可以抱着理解的心态去看这个问题,就像你们之间没有发生过争执一样。"

"你可以将你面前的陌生朋友想象成一位多年不见的老朋友一样去交流。"

第二章
开启你的冷读系统

"就像"框架在实施冷读术过程中,有着举足轻重的作用。石井裕之老师强调,在实施冷读术过程中,要将对方视为独一无二的人,对对方的一切都感到惊喜。这就是一种情境上的"就像"框架体验。

简单有效的框架转换技巧

成功冷读的标准在于使对方对自己说出的话深信不疑,瞬间赢得他人的信任。为了做到这一点,我们必须利用各种不同的语言框架技术,在沟通对象的大脑里植入积极的情感体验,打通心与心之间的壁垒。

国际顶级 NLP 大师罗伯特·迪尔茨曾将这种交流模式进行了系统性的研究和归纳。在前面的内容中,已经介绍了一些框架转换技巧,为了更加完善地介绍这部分语言技巧,下面将与实施冷读术关联性较强的其他框架转换技巧提炼出来,供大家参考。

(1) 将人的意识引向积极目标。

人在交流中,关心最多的是他自己。我们通过换位技巧可以影响他的信念或意识,在这个过程中,我们必须通过语言框架转换技巧将对方的注意力引向消极意念背后的目标和成功体验。

转换框架前:"我坚持这种价值观已经 10 年了,现在很难改变。"这个语言框架可以通过图形表达出来,如图 2-6 所示。

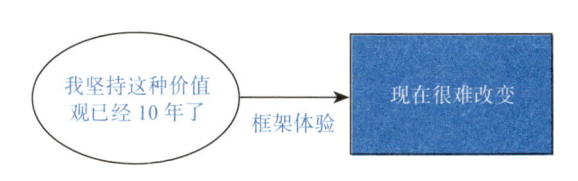

图 2-6 转换框架前的心理体验

转换框架 1："很高兴，能听到你如此真实、客观地评价自己。"（"很难改变"转换为正面意图"真实、客观"的心态）

转换框架 2："对改变价值观保持积极的认知，这很重要。事实上，我们要弄明白的是，看看需要为改变这种价值观做些什么。"（进一步将前面的体验转换为"积极的认知"这种正面意图）

我们将两种转换框架的心理体验进行图解，如图 2-7 所示。

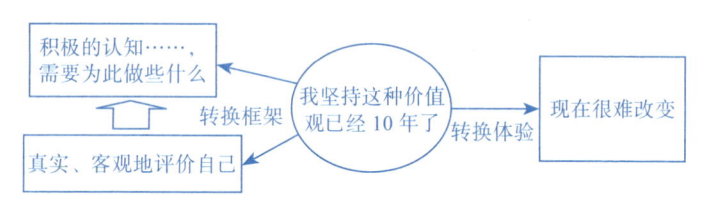

图 2-7 转换框架后的心理体验

在这种语言框架中，如"我已经坚持这段感情这么久了，现在真的难以割舍"可以转换为"令人欣慰的是，你能够尊重内心的感受，对感情保持着让人敬佩的专注""对于一段爱情，保持忠实于内心的真诚态度难能可贵，正因为如此，我们可以想想到底怎样做，才能让自己不再纠缠于这种状态中"。

（2）重新定义，引向正面体验。

转换语言框架的第 2 种方式可以通过重新定义某些关键词语来完成，即用意思相近但更为积极的词语替换原来的消极词语。

转换框架前："我已经坚持这段感情这么久了，现在真的难以割舍。"

框架转换 1："是的，对于你抱住不放的某些东西，可以试着挑战自己放下它。"

"坚持了这么久"转换为"抱住不放"。

第二章
开启你的冷读系统

"割舍"转换为"挑战自己放下它"。

框架转换2:"我理解要改变一种关系状态在短时间内总会让自己有些患得患失。"

"感情"转换为"关系状态"。

"难以割舍"转换为"患得患失"。

转换框架的心理体验如图2-8所示。

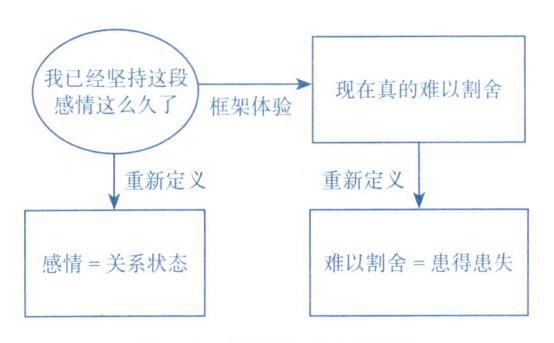

图2-8 转换框架的心理体验

(3)通过比喻引导沟通对象获得重新认识。

这也是曲径通幽的一种方法。在实施冷读术的过程中,擅于运用这种转换框架技巧的话,不但能够营造出积极的气氛,而且还能展现自己的幽默感。

转换框架前:"我已经坚持这段感情这么久了,现在真的难以割舍。"

框架转换1:"一厢情愿的爱情就像一场马拉松,跑得越久越疲惫,到最后还是要面对它的终点。"

框架转换2:"如果一份爱被他人像空气一样漠视,那么即使你鼓足了信心,最后收获的还是一份泄气。"

(4)进行结果转换,获得崭新体验。

《六祖坛经》记载了一桩禅宗六祖慧能法师和两名僧人辩论

的故事：在讲经会上，风吹动经幡。一个僧人说，风动；另一个僧人说，幡动。两人争论不已。禅宗六祖慧能法师站出来说，是你们的心在动！

在实施冷读术的过程中，也可以通过这个方法改变沟通对象的心理体验。

转换框架前："我坚持这种价值观已经10年了，现在很难改变。"

转换框架1："不需要改变你的价值观，只是要适时地更新它而已。"

转换框架2："问题不在于要不要改变价值观，而在于你的价值观与现实中的你是否保持了一致。"

罗伯特·迪尔茨关于改变世界观的语言转换框架技巧与这个结果转换也有着异曲同工之妙。

转换框架前："我坚持这种价值观已经10年了，现在很难改变。"

转换框架1："每个人都是在痛苦中成长起来的，试着想想，当你努力做出改变后，你会成为一个全新的自己。"

（5）重新审视，建立新的体验。

重新审视内心感受到的事实，从超出自我的角度提取出这个事实以建立新的信念。

转换框架前："我不相信你这个人，再说我们之间也不怎么熟悉。"

转换框架后："当你想与一位陌生朋友畅快交流时，你最害怕什么让你显得不自信呢？"

（6）突破框架，建立全新认识。

所谓的人与人之间交往的心理界限，只是因为彼此陌生，

第二章
开启你的冷读系统

没有共同语言才存在的。如果我们在沟通中能够超越原来的框架，为对方建立一种新的认知，那么双方的关系自然就会上升一个档次。

转换框架前："我现在的心情好不好跟你没有多大关系吧，我凭什么要相信你会让我快乐起来呢？"

转换框架后："或许你很想改变一下现在的心态，体验海阔天空的感觉，只是你缺少像我这样英俊潇洒的宇宙第一帅哥陪你聊天吧。"

在人际交往中，突破框架的表达方式能够迅速帮助双方找到共鸣。

某学生到大学报到，其父母陪同。而他的一个室友一个人来报到，一个人在那边铺床。这个学生很是佩服他，佩服他的父母这么放得开孩子，感到自愧不如。当他把这样的想法说给对方听时，这个室友说："你羡慕我独立，我羡慕你身边很温暖。"

这个室友的回答突破了原来的语言框架，给了交流对象全新的体验。

第四节　一句话说中对方

真正有效的冷读术在于一句话说中对方，并在瞬间与对方建立起互信的心理联系。我们前面练习的观察技巧、表现技巧、语言框架技巧都是为这个目标以及为更进一步强化双方的信任关系而服务的。

例行话题的秘密

有一些话，我们说出来有点笼统，似乎放之四海而皆准，然而对方却能受其引导，认为说中了他的心思。从语言框架技巧来说，这种语言的框架空间足够大，所以它引发的体验能够囊括绝大部分人的心理。

"你曾经有过一段让你无比怀念的情感吧？"

这句话放在生活中的每个人身上，应该都是对的。一段情感，可以是一段恋情、一份友情，也可能是一段单相思。总之，在每个人的成长过程中，或多或少都会经历这样的事情。

正因为如此，在我们与对方交流时，如果切换到这样的话题，对方一定会觉得你说中了他的心思，从而对你另眼相看。这种套在任何人身上都对的话语，在冷读术中被称为"例行话题"。在实施例行话题时，必须辅之前面介绍的察言观色、印象整饰等技巧，做到以假乱真。

在设计例行话题时，必须针对不同的人群，按照性格、身份、地位、职业等特征灵活运用。

（1）面对老年人，请这样说。

老年人的关注点多为子孙、休闲、社区活动、钓鱼这些事情，我们与之交流时，可以从这些方面找些话题。

"您儿子还算小有成就，小时候很调皮吧？"
"您现在过得很舒适，以前也吃过不少苦吧？"

（2）面对中年男性，请这样说。

第二章
开启你的冷读系统

中年的男人，事业上正处在红火的时期，但家庭方面担负着重大的责任，因此他们会较多地关注儿女、家庭、事业、热点新闻等话题。

"您很热衷于自己的事业，有时候也为儿女感到担忧。"
"虽说您现在事业有成，但遇到的挫折也不少吧？"

（3）面对中年女性，请这样说。
大多数的中年女性经常关注儿女、家庭、服饰、电视剧、化妆、社交等，在交谈时，选择这些见面话题往往能激发她们的谈论热情。

"你家儿子真有出息，小时候也调皮过吧？"
"你这件衣服真漂亮，衣柜里比这好看的还有好多吧？"

（4）面对青年男性，请这样说。
青年时期的男性朝气蓬勃，颇具活力，对娱乐尤为热衷。他们喜欢关注交友、运动、电影、旅游等相关信息。

"你很在乎你的朋友，但有时也会遭到误解，是这样吗？"
"你很积极进取，有时候又觉得自己不够努力？"

（5）面对青年女性，请这样说。
青年女性除了善于发现生活中的美和追求休闲的生活方式，具有较强的上进心、进取心，因此她们较多地关注逛街、购物、美容、装扮、充电等话题。从这类话题入手，总能引起她们极大的兴趣。

"你很想去逛街，但心里又觉得应该给自己充一下电，是吗？"

"你长得这么漂亮，还是会不自觉地每天出门化妆？"

（6）面对少男，请这样说。

对于青春年少的男孩子而言，追求时尚、爱好冒险是他们的天性。他们关注的话题多为女明星、电影、演唱会、闯荡、造型等。从这类话题引入谈话，会减少他们的叛逆、敌视。

"你的造型很酷，只是经常遭到家里人反对，没错吧？"

"总想出去闯一闯，又对陌生的外部世界感到害怕，对不对？"

（7）面对少女，请这样说。

青春少女天生爱美，喜欢崇拜偶像、观看娱乐节目。她们的关注点多为服饰、打扮、男明星、电影、电视剧等。从这类话题引入谈话，会激发她们参与交谈的积极性。

"每次看到新衣服都想买，但又怕花销太大，这种感觉很奇怪吧？"

"尽管平时爸妈管教很严，但还是经常偷偷在家看韩剧吧？"

本书一开始说的巴南效应就体现了例行话题的魅力所在。如果你第一句话不知道怎么开始，这是一个不错的尝试。

第二章
开启你的冷读系统

这些简单的句子为什么具备"骗倒"对方的力量呢?由巴南效应可以得出,人在沟通中的表现符合以下三个特征,这也是"例行话题"可以借题发挥的缘故。

具体化原理

人们倾向于将概括化的言语和信息,转换成具体实例去理解。

比如说,当你听到对方说你有对自己过于严格的方面,那么你会搜肠刮肚找出一个你对自己过于严格的方面来"具体化"这个评价。

完形原理

人们会对不完整、不清晰的状态感到不舒服,并试图去将它补充完整。

当面对"你有时会有相当不切实际的想法"这样的问题,你在试图回答的时候,就已经在思考和补充那个不切实际的想法,以将这个沟通过程完成了。

主观原理

人们倾向于将别人说话的内容套用在自己身上。

对于这些话题,就算对方真的不想陷入这样的"圈套"里,认为这样的描述与自己无关,是在说别人,可是他在听这些话的时候,已经情不自禁地套用到自己身上了。

算命师这样说

为什么有很多人相信算命师,而且认为他们的确说得很正确?因为算命师会先取得我们的信任,这种心理可以归为:

因为我们相信算命师说的话是正确的,所以他说的话是正

确的。

为什么这么说呢？在前面"算命师的秘密"中说过，算命师很多时候只是引出我们内心的声音。再进一步说，我们去算命之前，总是会听到一些人说"他算得好准""他真的说中了我的×××事"等话，这就预先让我们倾向于相信他。在这种光环下，我们求助对方时，就会积极配合对方去完善他说的每一句话。

"你最近是不是被什么事缠着而分心了？"

"没有啊，最近我刚突破一个技术难关，还获得公司奖励呢！"

"啊，是吗？或许你还忽略了些东西呢，因为专注于这些难题。"

"忽略？"（做思考状）

"最近有没有受到家人的抱怨啊，说你老是对家里人不闻不问之类的？"

"好像没有，他们都很支持我啊！"

"也许有一些事你没发现呢？"

"你这么一说，我好像记起来老婆前几天在我睡觉时偷偷抹眼泪了，难道是因为这个吗？"

"对吧，总有些事你忽略了吧！"

算命师就是这样一步一步地掏出你的心里话，而且让你深信不疑。在这种逐渐深入的交流中，"委婉询问法"就是他们常用的一种工具。所谓"委婉询问法"，就是指在问话中隐藏了问话语气，假装自己了解咨询者的境况，转而用一种关切的柔和

第二章
开启你的冷读系统

方式与对方交流。

"你抽到这样的签位,是否想起了什么?"

"占卜牌中暗示你'一直在和自己的内心较量',你能想起是哪件事一直在困扰你吗?"

"这组塔罗牌暗示你有……运势,这意味着你最近发生了什么呢?"

当你看到这样的句式,你会忘记它的指向很笼统,反而感觉很亲切,进而说出内心的秘密。当算命师说"你在和自己的内心较量",如果你正在和女朋友生气,你可能会脱口而出"我正在考虑要不要和女朋友分手呢",于是,算命师就完成了一次神奇的算命。

事实上,不只是算命师,我们在生活中,也可以借用这样的表达方式了解沟通对象的信息,进而与对方建立更深层次的心理联系。类似的询问句式有以下这些:

"怎么会变成……呢?"
"这方面的……你知道是什么意思吧?"
"有关……是指什么?"
"你明白……它意味着什么?"
"……对不对呢?"
"提到……在你的生活中指什么呢?"

像这样委婉的问话方式,很容易获得对方积极的回答,这也是我们实施冷读术时用来挖掘对方信息的常用手段。

好使的否定问句

在冷读术技巧中，有一种否定句提问方式，不管说中与否，都可以解释为说中。

"难道（歪着头若有所思状）没有人说过你很像带刺的玫瑰吗？"

"啊，没有啊，为什么？我很随和啊，哪儿有刺啊？"

"我一看就知道你很随和，我不是说你让人无法接近，我只是说你内心想好好保护自己。"

"哦，这倒是。"

当我们想了解对方，但我们不知道对方究竟是什么样的人时，用否定问句作为例行话题是个不错的办法。当对方感到意外，并且主动解释否定句中不成立的部分时，对方无疑进入了陷阱。

在工作中我们同样可以这样问。

"×经理，最近不是为了公司业务四处出差吗？"

"可不是嘛，光是四处跑也就算了，我还得回来招聘人员。"

"啊，这样啊，您为了公司真是呕心沥血啊！刚好我们是做人力资源派送的，您看能不能合作，帮忙招聘一些合适的人员？"

"听起来不错，介绍一下吧。"

业务员只有知道了客户的需求才能进一步实施推销战术。在与对方初次见面时，可以用这种否定问句套出信息，然后再

第二章
开启你的冷读系统

实施下面的推销策略，让对方感觉不到你是在推销产品，而是觉得你在与他聊天。

只要擅长变通，这种否定问句可以用于任何交流情境，且屡试不爽。

甲："你最近的人际关系不会是出了问题吧？"

乙："啊，还好吧。只不过和父母的关系有点问题。"

甲："父母总是为了儿女好，虽然不一定是对的，甚至阻碍了孩子的发展。"

乙："对啊，我不想在我父母所在的城市工作，这样我会很依赖他们，可是他们却一心想留住我。"

甲："我想你很少离开家人独立生活吧？"

乙："对啊，你怎么知道，我就连上大学选择的都是本省的大学，这样可以经常回家。"

甲："正是如此，才让你难受，你的内心想有所改变，其实你自己可以做出决定，让你犹豫的其实是你的害怕。"

乙："其实我也知道父母的话起不了决定作用，我自己才是关键。"

以否定问句开始，避免了说错的可能，待到对方做出肯定的回应后，再以例行话题继续，就这样轻易地打开了对方的心扉。

说不中的概率为零

否定问句，在疑问句中具备了双重框架功能，使得在交流中，可以最大可能地说中对方。下面，我们以"您看起来很难受啊，不是病了吧？"为例，解读这种句式的框架结构，如图2-9所示。

| 您看起来很难受啊，是病了？ | 您看起来很难受啊，不是病了？ | 您看起来很难受啊，不是病了吧？ |

图2-9 否定问题在疑问句中的双重框架功能

在这种语言框架中，如果"病了"是正面体验，那么"不是病了"就是它的反面体验，把正反两面组合起来就得到了最终的否定问句模式，也就具有了无限的包容性。

常见的否定问句模式，还可以像下面这样表达。

……不是吗？

朋友不会常常说你……吧？

你没有……岂不是……？

如果这样……不是……？

这种……不会是你顾虑太多了吧？

这样的否定句式应用到我们的日常生活或工作中，可以让我们很自然地与对方建立良好的交流情境。

"您看起来很难受啊，不是病了吧？"

"没有啊，我在等人呢。"

听到这样的回答，意味着没有说中对方的心思。那么，怎样挽救自己的话呢？其实很简单：

第二章
开启你的冷读系统

"是这样啊,等人确实是一件让人焦急的事情呢!"

就这样,通过把询问的话用否定问句说出来,对方感觉不到我们有没有说中,也就意味着被我们说中了。

一语说中对方的烦恼

一个人的心事或烦恼,不管是大事还是小事,在未解决之前,都很容易影响他的心情。一个聪明的冷读者,只要稍微运用一点询问技巧,就能轻易地读取它,赢得对方的信任。

其实很简单,一般人的烦恼大多超不过这几个范围:人际关系、金钱财富、人生目标以及健康。人们常见的烦恼在爱情、工作、家庭方面的归类说明如表 2-3 所示。

表 2-3 人们常见的烦恼在爱情、工作、家庭方面的归类说明

	爱情方面	工作方面	家庭方面
人际关系	双方闹矛盾,在冷战;双方在苦恼何时结婚	跟主管、同事出现矛盾;家人不支持自己的工作	家人老是催自己结婚;小孩不好好学习
金钱财富	被索要钱财,被掏空了;买不起房,对方不满	工资太低了,没有加班费;离职了,在找新工作	老是问父母要钱花,自己挣的钱不够开支
人生目标	互相不理解,爱情搁浅	想换份工作试试看;考虑是否参加培训	父母不支持自己出去打拼;夫妻为了工作两地分居
健康	对方或自己身体欠佳;双方相隔很远,见面很累	工作太累了,很压抑;年假或旅游被取消了	亲人身体欠佳;某位亲人出了意外

表 2-3 只是举例归类了一些常见的烦恼,其实,表中的归类也不是唯一的,像"父母不支持自己打拼工作"也可以被归入人际关系。在冷读过程中,只要擅长解读,任何事物都可以被归入这四个范围内。

冷读时，我们可以圈定"人际关系""金钱财富""人生目标""健康"这几类话题切入。当谈话开始的时候，我们可以先预测一下对方的烦恼类别，随着谈话的进行，再逐步确定。

"你是不是在人际关系上出了点问题啊？"（预设框架）
"不是的，我只是在考虑要不要回家发展。"（超出预设框架）
"这个问题，应该和你的家人有比较大的关系吧？"（拉回预设框架）
"有这方面的原因，我在想要不要回家待在父母身边。"（被说中）
"现在的工作不是你继续想做的吧？"
"我正是因为这事来找你的，我这不没回老家嘛，我就是在犹豫是在这里继续工作还是回老家重新开始。"
"你在担心什么？其实你心里已经有了答案，只是不想鼓起勇气迈出这一步。"
"可以这么说，我是因为……"

这就是巧妙探寻法，从"旁边"开始，通过慢慢询问，得出信息，直到对方感觉到一种信赖，敞开心扉也就轻而易举了。

在爱情中，男女双方也可以利用这一点。

女友："亲爱的，你是不是健康出了什么问题啊？"
男生："没有，我身体很好，上周公司还统一体检呢。"
女友："我是说，你紧皱眉头，是不是心里有压力啊？"
男生："是，最近工作忙得一塌糊涂，连正常的周末休息都被打搅，已经好久没有放松了。"

第二章
开启你的冷读系统

在这个冷读过程中，女友将"健康"扩大到了"心里有压力"，也就意味男友"没有很好地休息和放松"给说中了。这样的交流同样是"预设框架"到"超出预设框架"，再到"拉回预设框架"的一个过程。

虽然不是每次都能这么顺利地调整语言框架，进而达到说中的目的，但是只要我们擅长这样的语言技巧，再合理地通过前面的察言观色技巧了解对方心思，进而套话，说中的概率还是非常大的。

第三章
瞬间赢得对方信任

　　冷读术的美妙之处不仅在于见面的第一句话说中对方的心思，而且还可以让你在与对方见面的瞬间获得对方的好感，赢得对方的信任，展开一段美好的情感旅程。

第一节　说中对方的未来

每个人都有自己的梦想，尽管有时候这个梦想显得不切实际，但它仍然牵引着这个人的内心，向着未来前行。既然我们能说中对方的心思，那么不妨配合人们这种追求梦想的心理需求，通过冷读术，说中对方的未来。

这样说才准

我们前面已经介绍了如何一句话说中对方的现状和烦恼，建立起最初的信任。很多时候，作为冷读者还得说中对方的未来，才能震撼对方的内心，成为对方的心灵密友。

说中对方的未来，看似玄虚，事实上它也有一定的方法可循，这就是冷读术中的"模糊预言法"。石井裕之老师将之称为"巧妙预言法"，事实上它的巧妙，不过是在预言对象上表达模糊，由对方自己补充后来说中的部分，以达到说中的目的。

这句话理解起来有点费事。说得明白点就是首先不是去确保绝对准确地预言，因为事实上也做不到，而是要确保不要给对方有机会证明所说的预言是错误的。

这很容易做到，比如：

例1："这个星期你会中500万元的彩票。"（马上会被证明）

例2："你可能感觉不到，一个贵人正在向你走近，在未来的一天，他会帮你摆脱目前的困境。"（不太容易证明）

第三章
瞬间赢得对方信任

例 2 中的句子是太多算命师的常用句式。其一，什么样的人算贵人，表达很模糊，一个好的客户、一位朋友、一位师长等，都有可能；其二，未来的一天是哪一天，时间也模糊。这种模糊预言法，说中的概率非常高。

我们在生活中也可以发挥这种句子的神秘作用。

"最近你的生意将会出现转机，只要你保持好的状态，就一定能够抓住它的。"

"有一个男子一直暗恋着你，他不敢向你表白，不过他最近准备鼓足勇气向你倾诉，你要好好考验一下他哦！"

"这个冬天，你的身体可能会出现一点问题，如果你不注意保养的话，那就真的不可避免了。"

模糊预言法之所以能够发挥出它的魔力，跟人们的选择性记忆的特点有着紧密的关系。心理学研究得出，人们往往只能记忆对自己有利的信息，或只记自己愿意记的信息，而其余则很快被遗忘掉。由此可以得出，记忆也不一定是事情的真相，它也有可能是断章取义，或者被粉饰的局部事实。

这种模糊预言法正是利用了记忆的这种后加工功能，我们一旦说中了对方的某件事，对方就会表现出强烈的认同感，至于其他没说中的部分则被忽略了。

感情的润滑剂

想象这样一个场景：当你和一个人说话时，对方一次又一次地说中你的心思，这时你是不是更想让他多说一些呢？因为你已经被他吸引住了，你已经卷入了他为你设置的情境中，并且主动用具体的事实完善他的模糊表达。

"近期内,你的健康状况可能有所下降,你要注意改善饮食习惯。"

"这几天我精神头儿不太好,难道就是这个原因?"你会这样想。

健康状况是每个人无时无刻不在关注的,试想谁不愿意有一个健康的体格呢?因此,冷读者从这方面来预测,是绝对不会不准的。

"我后悔了,我为什么拿自己最不擅长的方面来当我一辈子的生计来源呢?"

"这个世界本来就没有绝对的好与坏,你想想看,有多少人不是在用自己的弱点来撞自己的头呢?"

"也是,虽然说好马不吃回头草,可浪子回头的也很多啊!"

"对啊。我相信只要你内心清楚了方向,以后就会好起来的。"

一句"只要……以后就会……"很容易击中对方的心,对方虽然现在还没做出决定,只要前提"清楚了方向"成立,这句话就是正确的预测。把预测未来与日常生活相结合,不仅有利于提升我们的沟通质量,而且还能成功与人交往。再看看下面的例子。

男:"你看上去心神不宁,这一段是不是遇到让你心烦的事了?"

第三章
瞬间赢得对方信任

女:"这你也知道啊。我最近正头疼升职的事呢!"
男:"只要用心去做,你会有好运的。"

这些话让对方的心理获得一种安全感,也让对方更容易对我们产生信任。虽然有时候没有听到对方的肯定之词,但对方的信任就说明我们说中了。

"可能你有很多的朋友,并且其中不乏你的挚友,但是在你的内心深处,仍有那么个空间,只有你自己进得去,只有你自己知道这个空间的存在。"

"你说得很对。我不可能把我自己彻底剖开展现给他人,即使是很亲密的人,我也会保留自己的空间,给自己一点安全感。"

即使心胸再开阔的人,也多少会有一些不想让别人知道的事情。采用这种技巧来猜测对方的心,可以说中对方的心思,而且不会出错。

如果听到你所说的话对方并没有明显反应,会怎么样?冷读者的目的是取得对方的信任,当双方信任产生了,那么接下来一切都会水到渠成。即使你的话没发生,对方一样地信服你,因为你的话绝对不会不准。

有一个男孩想学习打排球,他很想跟朋友们在一组,但是他知道自己的基础技术很不好,怕朋友们不接受他。因为这样的心态,在训练中他越来越没劲头,也没有进步。他觉得自己很糟糕,告诉教练想退出。教练其实一直关注着他,觉得他很有天赋,只是他自己还没有意识到。教练说:"如果因为球还没练好,就断言自己学习能力不行,那么未免为时尚早了,其实你还没发现自己的力量。"教练带着这个男孩练习基本动作,让男孩自己熟练掌握技巧,最终他对自己的能力信心十足起来了。

教练没有明确地告诉你如何做,但是你听到这些话,你的"退出"想法没有出现,反而会更加积极奋进。

某些人的一句话使我们受到启发,我们会改变最初的想法。当已经决定好的计划因此改变了,你会很感谢这个人说得及时,让你在未来留住了一个机会。冷读者能这样说中你,会让你感到说得好准啊!

预言的魅力

一个人的所思所想,可以运用适当的技巧"说中"。这些"说中",不仅涉及过去、现在,还有未来。当涉及未来时,我们就是在"预言"。

咨询师:"你最近在努力适应新环境吧?"
来访者:"没有啊,我最近没啥变化啊。"
咨询师:"是吗,也许是你没注意吧,周围的东西都在变化。或许是因为我们只有做好分内的事才能有空余时间去关心其他的事吧。"
来访者:"那倒是。我最近一直在忙我的科研活动,活动马上就结束了。"
咨询者:"只要你注意观察,你会发现其实每天都是不同的。"

在这次对话中,咨询师开始并没有说中对方,通过调整语

第三章
瞬间赢得对方信任

言框架，利用模糊预言进一步拉大体验空间，让对方觉得咨询师其实还是很了解自己的情况的。

现在我们都在忙忙碌碌，和人真心交谈的机会少之又少，网络作为一个媒介，就充当了交流平台。看看下面的聊天内容，感受一下冷读术在这种交流中的魅力。

甲："刚从群里看见你说话，感觉你好像有心事，可以一块聊聊吗？"

乙："嗯，感觉很乱，也不知道从何说起。"

甲："看来现在你的心情真的很糟糕啊，就像线团越理越乱吧。我想跟人际关系有关吧？"

乙："哈哈。你挺逗啊，也挺聪明的。"

甲："很高兴你这么认为，我一直喜欢大家都开开心心的。"

乙："可有时候遇上些事真的很难笑出来。"

甲："那就把不开心的说出来吧，只要还能说出来，就说明不是难事。"

乙："我的心态一直很好，可是这两年的事压得我快喘不过气了。"

甲："是什么让你如此难受啊？"

乙："你知道吗，有时候别人的眼光会让你害怕退缩的。"

甲："我觉得你好像很在乎别人的眼光，即使有时候是按自己的愿望做的事，你还是会担心。"

乙："你说的这个特点蛮像我的。"

甲："这也许是你烦恼的一部分。但这不是主要的。"

乙："你说得很对，我的烦恼是因为一个人。虽然和他在一起，但我感觉自己还是一个人。我去外地工作，也是我一个人，想去旅游，也是我一个人。"

甲："你觉得自己很孤单，因为一直都是一个人。"

乙："你说的就是我现在的感觉。"

甲："在这段感情里你付出了很多，喜欢他，为他做一些事，也不求什么回报，可是在心理上你想被理解，被感动，哪怕只是给你一个拥抱，你就会感到欣慰，感到温暖。"

乙："好准啊！你怎么会都知道？"

甲："因为是朋友，能感受到你的气息，而且我能感觉到，近期内只要你留心观察，你会有好运气相伴的。"

在这个对话中，甲一次次的"预言"都说中了，让我们不得不佩服他。我们在和朋友交心时，能做到如此吗？朋友在听到你的一句句"说中"的话时，能感觉到你的确在听他说、在关心他。当这些"说中"累加起来了，对方对你的信任也就升级了。

这些都是冷读术的常用话语，适当地运用它，可以帮我们提升交谈效果，感动对方，赢得对方的赏识和信任。

第二节　志同道合的秘密

每个人都有一种偏好，倾向于认为别人与自己拥有相同的感受。当我们发现别人与自己拥有相同的感受时，我们就会喜欢上他。

才女张爱玲说道："我要你知道，在这个世界上总有一个人是等着你的，不管在什么时候，不管在什么地方，反正你知道，总有这么个人。"人与人交往，能做到心灵相通，意气相

第三章
瞬间赢得对方信任

投,是最高的境界。

暗示的力量

通过暗示,可以间接、含蓄地影响对方的心理及行为,使其产生与暗示一致的效果,这也是在冷读过程中必须注意的一个地方。

一天,美国心理学家霍特去拜访友人弗雷德,却被拒之门外。原来最近工作上的失误让弗雷德承受了巨大的压力,他感到自己对待现状是那么的无能为力。意志消沉、情绪低落的弗雷德不想见任何人,也包括这位著名的心理学家,他觉得会客会让他的心情更糟糕。

可麻烦的事情还是来了,他必须和上司去参加一个重要的会议。为了保住自己的饭碗,心情烦躁的他不得不在会议上装出一副快乐的样子。令他惊奇的是,自从那天会议上表现得笑容可掬、谈笑风生,他多日以来布满阴霾的心情居然开朗起来,他终于又恢复成了往日那个风度翩翩、和蔼可亲的弗雷德。

这就是一种心理暗示。在人际交往中,不管我们面对的是一个我们喜欢的人,还是不喜欢的人,我们都必须在内心不断暗示自己"我喜欢这个人,我喜欢这个人……",通过反复默念来强化这种感觉。

如果我们在交谈中首先敞开了心扉,给对方一个积极暗示,对方回应我们的自然也是积极的一面。

仅仅使用以上的语言暗示还不足以在对方心理上投下友好、积极的印象,使对方对我们产生信任感,还必须利用前面框架语言中的"就像"框架，在对方内心建立起更为友好的框架体验。

假设你去拜访一位非常重要的商业客户，你的内心非常紧张，害怕在交谈中出错，这时候，就可以利用"就像"框架架构心理体验，调整你的交流状态。

你可以想象当你和客户见面时，你们俩热情地拥抱着，对方拍打着你的后背，你也拍打着对方的后背，像一对多年不见的老朋友一样。在这个过程中，重要的不只是想象你们拥抱的情境，还要想象你的内心活动，想象那种畅快的感觉。

这样，在你的潜意识中就会产生这样的感觉："我们尽情地拥抱，现在我们已经是无话不说的好朋友了，我可以痛快地和他交流，也可以放松下来了。"

你在与上级领导的交流中也可以运用这种技巧。

某员工深得脾气古怪的老板的喜欢，许多同事都不解，纷纷询问她与老板的相处之道。她说道："其实刚开始我也很害怕与他交流，后来一想吧，反正是要一起工作的，不如换个想法和他沟通。"面对大家疑惑的神情，她接着说道："很简单，我每次见他时，都把他想象成对我表面上严厉有加，时常骂我，实际上是经常和我搞恶作剧，还会帮我出鬼主意应付老爸老妈的大哥。就这样，面对老板时，我总是心情愉快，满脸笑容。老板自然也会很高兴指点我了。"

这就是我们用"就像"框架的用意，它将在我们的内心发挥出巨大的能量，促使我们打开自己的心扉。这样，对方感受到我们的真诚和热情后，也会向我们敞开心扉。

第三章
瞬间赢得对方信任

焕发自信的光彩

我们的内心，只有"放松"还不行，一定得焕发出"自信的光彩"，才可能迅速吸引对方，获得与对方深度交谈的机会。

曾有一位朋友和我说，他很敬佩他的一位同学，并且在跟对方学做生意。我问他为什么。他给我的答案是"事实上，我这个同学也不是很有钱，生意做得也不大，但他和那些富豪们谈合作时，一点都不怯场，表现得非常自信得体，好像他本身就是他们中的一员。"

焕发自信的光彩，这是我们在人际交往中最为重要的一个环节，也是许多初学冷读术者还不能做到的地方。

不自信常常表现为避开对方的眼神，顾左右而言其他。冷读术教我们，要表现出自己的自信，必须从"注视对方的眼睛"开始，如图3-1所示。然而，当你紧紧地盯着对方的眼睛时，你又会发现，本来轻松的心情反而弄得很紧张，变得更不自信了。还有一种情况就是盯着对方的眼睛说话，如果对方是容易害羞的异性，在你紧盯着他的眼睛跟他说话时，他会目光闪躲甚至语无伦次。

有效的办法就是，在一般的社交活动中，注视者的目光主要集中在由对方的两只眼睛和鼻尖组成的三角区域内，然

图3-1 普通社交中目光投向的区域，应该是对方两只眼睛和鼻尖构成的三角形位置。这样的目光既不会给对方造成压迫感等一系列不适感，也能够表达自身的尊重

眉间或直视对方的眼睛,这两种眼神角度的时间分配以 9∶1 最为合适。也就是说在整个交流过程中,我们应该 90% 的时间盯着对方的"三角区域",而 10% 的时间直视对方的眼睛,这 10% 的时间应该比较均匀地插入整个交谈过程中。

石井裕之老师在关于和对方进行眼神交流的论述中还说过一个小技巧,他强调在"注视对方眼睛"时,要在心里暗示自己看的只是一件生理上的"物件"——眼睛,而不是对方的心灵之窗。通过这样的方式卸去目光对视中的压力,应该也是个不错的办法。

语言也要自信

你有没有这样的交谈经历:和对方交谈时越来越不敢看对方的眼睛,这抑或是因为让对方看出了你的虚假部分,抑或是说的话越来越没底气,自己都快不相信自己的话了。

某医药企业的市场销售代表到一家县级医院去推销。销售代表见到该医院的主任后,就开始按以前的销售套路介绍,待到主任问:"你这些药都是什么配方?相比较其他产品你的优点在哪里?"这些都是专业方面的知识,销售代表支支吾吾地说:"这些方面肯定没问题,嗯……具体来说呢,它的水准肯定是高端的……我们的实力您不用担心。"实际上销售代表对于这些自己也没有弄明白。

这样的支吾回答,会让对方瞬间怀疑你说的话的可信度。一些很自信的人遇到这样的情况,都会在心里想"这下糟了",也许还能继续假装没事一样说下去,但是已经让对方开始积累不信任了。

第三章
瞬间赢得对方信任

这种我们在谈话时的不自信表现,其实可以简单转化。

"这些方面肯定没问题……它的水准也是高端的……我们的实力您不用担心。啊,不好意思,问您一下,您是否收到了我们之前发给您的成分及性能比较表?"

"哦,没有啊。"

"这样的话,我给您一份,请您先看一下。"

这样就让对方明白原来停顿的原因是不确定是否已收到文件,这样就化解了尴尬,也同样"欺骗"了对方的判断,把自己的不自信掩盖了过去。这个方法的奥秘在于通过时间或事件的错位表达,引开了交流对象对原来事件的注意力,在一个新事物或时空下,重新架构了体验。

运用同步技术

与人交往中,如果能找到与对方相似的地方,就容易让对方对自己产生好感。这里,我们介绍一些制造相似相惜心理的同步技术,巧妙地运用它们,可以迅速获得交往对象的好感。

(1)使用"同调"语言。

使用"同调"语言,也就是在谈话中尽量模仿对方所用的特殊字句。

"今年我想尝试一些新的款式,比如从来没穿过的衣服。"

"这样挺好啊,就像你的工作一样,也可以尝试着做出一些大胆的变化。"

"如果可以的话,我想尝试着去充些电,来改变自己的一些思维。"

　　每说一次"尝试",对方对你的好感就会增加一些。通过好感的累积,对方的心情就会越来越好,你们的关系也会越来越融洽。

　　(2)模仿对方的动作和面部表情。

　　与对方初次见面,彼此都很陌生,我们可以使用"行为同步"的技巧,快速获取对方的好感。

　　做法很简单,只要若无其事地模仿对方的动作和面部表情就可以。

　　两个人面对面地坐着,如果对方喜欢用右手使酒杯打转,你就用左手模仿。注意要显得自然,让对方的潜意识感觉到即可,不可让对方察觉到你是在刻意地模仿他。

　　由于两个人的动作、表情如此相似,对方对你自然就会产生一种亲切感。

　　我们在模仿过程中要注意保持适度性,在模仿时尽量保持一些细节上的差异,以避免让对方感觉到不自然或夸张。主要需要注意以下几个要点。

　　自然地捕捉对方的信息,不可过于专注,以免引起对方的注意。

　　注意模仿的时机,稍微错开点时间。

　　不要完全照搬,要稍微做些变化。

　　保持适当的模仿频率,多了会让对方觉得心烦。

第三章
瞬间赢得对方信任

（3）点头，流露赞同的态度。

对方在说某句话的时候用眼睛注视着你，表明他在征求你对这个问题的态度，这时我们应向对方投以真诚，同时点头表示赞同，点头时要注意频率，2～3下即可，且要缓慢，不要快速而又频繁地点头。

（4）接应对方的表情。

表情可以反映一个人的内心情感和情绪的变化，我们在与对方交流时要充分关注这一点。积极地与对方进行互动，接应对方的表情变化，营造相同的情感体验。

双方交流中，对方抽烟时面部表现出很是享受的神情，你可以在下一分钟点燃一根烟，表现出同样的神情。

人最常见的表情有六种，即喜、怒、忧、思、悲、恐，我们在与对方交流时，进行表情同步反应不仅要针对各类表情调整自己的表情，让对方感觉到我们体会到了他的心情，还要模仿得有分寸、不露骨。

（5）支持对方的观点。

人们都喜欢能给予自己赏识的人。人与人交流时，"不"字一出口，就等于把大门关上了，双方就会产生一种心理紧张感。所以，我们在跟别人交谈时，不要以讨论异议作为开始，而应该以双方所认同的事作为交流的开始。

我们可以根据交往对象的特点调整交流方式，在向对方表示积极观点时，多说这些话——"听了您的话，我受益匪浅""您是我的前辈，您说的话真的很有教育意义""我理解您的感受"，"对您的关心，我表示感谢""我经历过，所以我知道您的感受""您说得对,这是一项重要的投资"……

让呼吸也同步

我们和对方谈话时,如果注意了对方的呼吸节奏,你就可以很好地控制说话速度,让对方感到你很细心,有一种亲切感。

如果一个人想一口气把话说完,那么速度会很快,就像来不及呼吸一样,似有似无,但是一旦说完,他就会有深呼吸的动作,此时我们也可随他一样来个深呼吸,或者说些"嗯""是的"的简单词来配合,这些就是与对方呼吸同时进行的。相对地,如果对方平静地说话,那么呼吸也就比较均匀,而我们要做的就是同节奏地"呼吸"。

甲:"你说说你都有啥优点,可爱就除外了啊。"

乙:"可爱当然不算。我是一个说话比较不经大脑的人,就是比较直率。这也是让我产生烦恼的地方,比较容易得罪人啊!"(说完深呼吸,休息)

甲:"哦(暂停下也深呼吸),但是我能发现你很多优点,比方说,你是个平常有点急躁,其实很有耐心的人。"

乙:"这是我吗?"(疑问的语气)

甲:"对啊。难道还有其他人和我说话吗?另外,我能感觉到你是个视觉型的人。"

乙:"视觉型?是看人看样子?"

甲:"不是,是心理学的分类:人有三种类型,视觉型、听觉型和触觉型。"

乙:"不太懂。"

甲:"换句话说,你平常是一个挺有自己想法的人,不会盲

第三章
瞬间赢得对方信任

目听从别人的建议,因此你有点执着,甚至是固执。"

乙:"我不得不说你说得很对。我的很多朋友就很气我这点,明明大家都接受的建议,我偏偏认死理,不改变。"

对方完全由你领着进入谈话情境,因为你说的话一语到位,所以对方会产生认同感,如同呼吸一样,几乎是你刚刚说出,对方就接着想知道下一句了。对方在你的话语中感受到你很了解他,就会觉得彼此很相似,也就会产生亲切感了。

第三节　缺什么,给什么

心理学家科克霍夫曾经做过一个调查,调查的对象是恋爱中的男女大学生,调查结果发现,当双方关系进入决定结婚的阶段时,使他们相互吸引的诸多因素中,人格特质和心理需要的互补性占有越来越重要的分量。这种互补性,对彼此来说正是缺了什么,对方给了什么。

在实施冷读术时,我们可以巧妙利用人的这种心理特点:对方缺什么,我们就给予什么。

人有两张脸

心理学告诉我们,每个人都存在着一个潜意识中的自己,即幻想中的自己。每个人除了拥有已经得到或存在的,同时还希望拥有没有的一部分。这都是人的两面性在作怪。

人性就是这么有趣,它并非非黑即白的。它一方面希望自己英雄盖世,另一方面又希望自己柔情似水;一方面希望自己获得无数掌声和鲜花,另一方面又希望自己能大隐隐于市,悠然自得。

在这种心理作用下，一个意志坚定的人，内心也会经常感到沮丧；一个心细如丝、温柔体贴的人，也常常会感觉自己是不是做得不够好，关心对方是不是还不够。

在实施冷读术时，可以有效地利用这种心理特性，一句话说中对方的内心。

"因为你很帅气，所以大家把你当成男孩，其实你也有女孩细腻的心思，只是大家都没注意。"

"你很想轰轰烈烈地去恋爱，即使受伤也无所谓，但有这样的机会时，你又害怕这样做会不会太傻。"

"你表面上看起来很愿意为他人付出，甚至忽略了自己的需求和感受，其实你内心也想有人对你好点儿，希望拥有被爱被宠的感觉。"

每个人都有两张脸，也许另一张脸连自己都发现不了，当对方说出这样的话时，我们就会感觉到对方很了解自己。**利用人的这种矛盾心理，从相反的一面去说中对方，是冷读术中常用的招数**，我们再看巴南效应中性格描述的句子差不多都是这样设计的，所以才会被大家认为说得很准。每个人的内心其实都有很多伤疤，渴望被理解、被抚慰，当我们能够说出对方的另一面时，对方就很容易把我们当成心心相印的朋友了。

一次高层各部门会议开完后，人力资源部的徐经理情绪有点激动，老总就找徐经理聊天。老总说道："徐经理，看得出来

第三章
瞬间赢得对方信任

您是那种就事论事,不会把情绪带到工作中来的人,这点从咱们公司很多人愿意和你交朋友上就知道,您有一颗真诚之心,是有什么说什么的人,来,对这次会议有什么想法和我说说。"徐经理听了老总的话,情绪即使有也暂时压下来了。他说:"如果一个新员工在公司公平竞争的环境下,绩效超出老员工很多,那么我觉得给他涨工资是理所当然的,但是现在您因为这个新员工是猎头找来的,就直接给他高出合理范围的工资,对我们本部的老员工不仅是打击,还会影响他们的干劲儿。所以我觉得这样不妥,请您再好好考虑一下。"

人的脸就像阴晴表一样,能表现出你的情绪。像老总这样已经看出有情绪,他的一句双关话,让徐经理不得不控制情绪,表现出在公司应有的理智,开始就事论事。人的这种情绪两面性也很容易被人利用啊!

从相反的两面去说

如果你和对方初次认识,一定想给对方留下很好的印象,你可以这样开始交谈。

甲:"认识你很高兴啊!你喜欢星座吗?"
乙:"嗯,有点了解。你是什么星座的啊?"
甲:"我是处女座的。"
乙:"哦,处女座的人很追求完美啊!他们对自己都很严格,相对地对别人也会有点苛刻。"
甲:"我以前不了解星座时,不是这样的。我以前总是差不多就好的那种,了解星座后反而越来越像星座中说的了。"

乙:"是啊。可以说人从小到大有两个星座。小时候一个,等自己慢慢大了,想改变了就会有另一个星座,这是从心理层面来说的。"

甲:"感觉你懂得挺多的啊!我觉得你是个情感很丰富的人,但其实你心里不善表达,会让人误以为你是个冷淡的人。"

乙:"没想到你会观察人心啊!"

甲:"没有啦,我只是说出我刚认识你时的感觉。"

其实你也不确定自己说的对不对,这只是冷读中的一个技巧,无法确定时,从相反的两面来试试,一定没错。

只要你善于改造和利用,这样的句法在生活中可以发挥出它的迷人魅力,帮助你迅速提高人际沟通质量。

假设一个人大多数时间都积极乐观,你只要说出与表面相反的部分即可说中对方内心,比如像下面这样说就行。

"你一直积极地和人相处,热情开朗(正面),有时候也会为好心得不到好报感到郁闷(反面)。

"有时很乐观,信心十足,与人相处融洽(正面);有时又很悲观,非常烦躁不安,对人不友善(反面)。"

"外表看起来好像很坚强(正面),但内心也有软弱或恐惧的时候(反面)。"

人总是期望有人能理解自己被隐藏在深处的痛苦和矛盾,因此,在人际交往中,当你说中了对方暴露于外的另一面,对方一定对你很有好感,并愿意与你认识、谈心。

如果对方是个争强好胜的人,我们可以这样设计话题:

第三章
瞬间赢得对方信任

"你时时希望自己做得最好,为成就一番事业付出更多努力,有时候也想得过且过一下,享受轻松自由的生活。"

如果对方是个外表很文静的人,我们可以这样设计话题:

"你温柔善良,处处与人为善,如果遇到那些恶意中伤的事件,你也想狠狠地回敬他们,你并不是好惹的。"

如果对方是个不善言谈的人,我们可以这样设计话题:

"你一向不愿意发表言论,喜欢安静地与人相处,一旦遇到了解你的人或开心的事,你还是很愿意和对方交流的。"

如果对方是个待人随和的人,我们可以这样设计话题:

"你亲切随和,关心他人,在生活中有着很多朋友,也有一些惹人讨厌的小人遭到过你愤怒的回敬。"

缓解情绪的妙方

现实生活中,我们说的话可能是无心的,却对对方造成伤害,对方因此和我们闹别扭,不理我们,有点"翻脸不认人"的感觉。这种情况下,你会不会犹如热锅上的蚂蚁,不知怎么办?

其实在爱情中,这样的事情很容易发生,我们只要从正反两面去沟通,即可有效化解对方的不良情绪。

"宝贝，你不会真生气了吧？我和你闹着玩的，你不能这样啊！"

"哼，不想理你。"

"这可怎么办啊，我真的不是故意乱说的。"

"对，你是有意这样说的。"

"不是，你别乱想。宝贝，我知道你心里没生气，其实你是霸王脸豆腐心，脸上不高兴，其实心里还是向着我的。"

"你想得美，我哪有那么好？"

"有，真的。有时候你让人看起来有点小心眼儿，其实咱俩在一块儿的时候，你都很细心，会替我想到好多我忽略的方面。"

"嗯，算你还有点良心，知道我的好。"

在爱情中彼此都会有很脆弱的时期，如果处理不好，后果可能就是失去了缘分。因此，要处理好彼此的情感，就要学会巧妙地说话，赢得对方的认可。

在商业领域，这样的话语技巧同样可以发挥积极的作用。

销售员得罪了顾客，因为没有向顾客介绍清楚产品的性能、优势，顾客又说了几句难听的话，销售员就顺势顶了回去。这一顶问题大了，顾客说："你什么态度，我是来买东西的，有你这样的销售吗？"正巧销售主管赶来，把顾客带到一边，同时也让这个销售员先回办公室检讨去。这时，销售主管说道："先生，虽然我跟您刚刚接触，但我的直觉告诉我，您不是一个感情用事、做事不客观的人，所以我相信您一定在做决定前会好好考虑、客观公正的。"顾客听了这话心想：你说的的确如此，我怎么能让一个销售员影响我对产品的判断呢？于是他说："看

第三章
瞬间赢得对方信任

在你的面子上，我会好好考虑，请你给我详细介绍一下你们的产品吧！"

每个人的内心都有一个天使和一个魔鬼，我们所要做的，是赞美天使，安慰魔鬼，从而去感动对方。

打开他人的心扉

这个世界上的人之所以不可捉摸，正是因为我们不了解人的这种两面性，一旦我们知道了这个秘密，便可以轻松打开对方的心扉。

"你看起来很快乐，好像没吃过苦，其实你克服了很多的困难吧？"

"你说的很对，的确我喜欢的事情，我会执着地追求，但是我还有快乐的资本，因为我相信这些磨难经过之后都是我的财富。"

"果然不出所料，连你说话的语气都是这样的感觉啊！"

一个人不管再怎么快乐，也会经历大大小小的困难，不可能万事顺利。这样的话说出来，对方自动会去自己的大脑搜索信息，进而觉得的确如此。

人都是自相矛盾的联合体，很多时候的行为表现和内心需求都是有出入的。

甲："你车开得很慢啊。是不是新手刚学车啊？"
乙："是啊，刚学会。"

甲:"那你一定不是上学的学生了?"

乙:"啊,你怎么知道?很多人都说我很像学生啊。"

甲:"因为我能心灵感应到啊,而且我知道你学车不是出于本意,其实你内心不想学,你觉得有人开自己能坐就好了。"

乙:"这你都知道,你是不是认识我啊?"

甲:"我不认识你,只是你开车的表现让我这样想。"

这就是冷读的力量,对方的内心缺什么,我们就给予什么,在不知不觉中也就达到了赢得对方信任的目的。

事实上,运用这种技巧,我们还可以在社交场合说中对方的挚友,让对方刮目相看,相谈甚欢。如果对方是一个做事大大咧咧、为人随和的人,那么我们可以这样说:"你一定有一位做事细致认真、比较独立自主、不太喜欢随大流的好朋友吧?"如果对方是一个性格温和、喜欢服从、默默奉献型的人,那么我们可以这样说:"你一定有一位性格强硬、擅于领导,统筹规划能力很强的好朋友吧?"总之,只要说出和交谈对象相反的性格特征就行。

人们常说,物以类聚。但是人们似乎忘了,还有异性相吸、个性互补这些说法。这就是说,对于一般性的朋友,人们倾向于找与自己个性、特点差不多的人,但要真正成为至交,人们还是倾向于找个性互补的人,以做到共赢共生。

第四章
顺利启动交谈话题

与对方建立联系,不仅需要掌握冷读技巧,还需要了解一点搭讪秘诀,这样才有可能让你顺利启动冷读系统,不仅做到一句话说中对方,而且能顺利展开后续的谈话。

第一节　搭讪高手的实践

一个交际高手的眼里是没有陌生人的,有的只是不认识的朋友。学习冷读术的目的,是与他人建立联系,赢得他人的信任。从这点来说,有效地发挥冷读术的作用,还需要我们学习搭讪技巧。

有效的开场白

尼尔·施特劳斯在谈到男女交往时,非常简洁地总结为"寻找目标、搭话认识、展现吸引力、建立后续联系"四个步骤。也有人曾将这套理论发展成追求女子的恋爱技巧,影响力巨大。

学习冷读术,如果不能掌握这套理论,那么对于冷读术的发挥终将缺少一座心灵间的桥梁。

寻找目标,也可以说是观察目标,这方面的知识我们在前面的章节中已经有深入的解读。事实上,如果你想认识一个人,通常都是动物型的思考方式,用不着寻找,基本上身体的某些情绪反应就会让你两眼放光。

是的,那就是你的目标!问题是你怎么和他/她搭上话。一上去就冷读?显然不妥,只会被对方冠以"神经病"的"美名",或者是被保安请出那片空间,那真是非常需要想象力的结局。

◎ 第一句话的技巧

问候不一定要郑重其事,但一定要真诚感人。按照这个原则,我们这里对第一句话的建议是,你只要跟这个陌生人真诚

第四章
顺利启动交谈话题

地说声"你好",并直接告诉他,你想认识他,然后再开始一连串的对话。

技巧在于,当说完你想要认识对方后,不等对方说好或不好、愿不愿意和你做朋友,马上告诉他,你的职业或你现在正在从事的工作,然后询问他的职业或他现在正在从事的工作。也就是说,除了大方地把你提出来放在他的面前外,还把话题转到像认识新朋友一样的轻松对谈中。

当然除了这种直接的方式,一些搭讪高手也总结了不少经典的搭讪案例,读者不妨借鉴一下。

"你好!最近我正在锻炼和陌生人交流,因为我一直想做一个相声演员,想通过和陌生人对话,提升自己的幽默感。我想试着说一个笑话,看能不能让你笑出来。"

如果对方愿意听,那么你就借机发挥吧!

下面这个案例是尼尔·施特劳斯在《把妹达人》里面谈到的,这个案例比较经典,用在商场或餐厅里应该比较有效。

搭讪者:"又是你啊?呵,你真的很喜欢在我身边走来走去吧?"

服务员(笑笑,随便说了些什么):"……"

搭讪者(随便回应些什么):"……"

……

搭讪者(当服务员正要离去时):"我打赌你一定会很快回来,因为你的眼神告诉了我。"

服务员(微笑):"对,我无法抗拒。"

到这里，基本的搭讪已经完成了，后续的发展可以通过其余的步骤来完成。总之在搭讪过程中，要快速地和对方建立联系，并引出接下来的话题，这一点至关重要。

◎ 三秒钟法则

三秒钟法则，即看到目标三秒钟之内必须出手。这么做的目的在于让搭讪者不给自己犹豫的时间，凭着一鼓作气而达成目的。

这种方法更适合新手，因为新手总是拿不定主意，迟迟不敢行动。对于新手，第一秒脑子里有搭讪的冲动，第二秒脑子里出现各种反对的声音，用了一分钟终于下定决心，却开始想该怎么开场，怎么和对方说话。于是好几分钟就过去了。这样的犹豫不决有很多负面影响，导致搭讪失败。

机会稍纵即逝。你想好了，人走了。

想得越多，犹豫越多，害怕越多，紧张越多，最终越可能放弃。

即使你最终战胜了自己，但由于各种负面心理影响，搭讪时你的表情、动作都会变得不自然，会导致失败。

你的犹豫不决会被对方看在眼里，有意识或无意识地认为你是个胆小、害羞、扭扭捏捏的人。

那么，怎么做呢？试一下三秒钟法则。三秒钟内就出击，仅仅如此。你需要暗示自己以下几点。

想好台词要上，没想好台词创造台词也要上。

不要考虑这是不是搭讪的最佳时机，你想象中的最佳时机

第四章
顺利启动交谈话题

可能会出现，也可能不会出现。

你若从最自然的状态中进入到搭讪，表现也会很自然。比如你刚打完篮球，就看到旁边有一个人，直接来一句："也来打球吗？"

这样，你就是勇敢做自己喜欢的事并不在乎别人看法的人，很有气场。搭讪成功与否，很大程度上取决于你是否表现出了这样的高水准气场，与其畏首畏尾，不如光明磊落。当对方面对高水准的搭讪气场时，是很难拒绝的。如果你一开始表现得就不大方，不用你开口说话，人家已经想远离你了。

展示高价值

光是敢说还不行，如果不能吸引住对方，那么说得再多，也只是发挥了复读机的功能。

尼尔·施特劳斯在他的如何迷人教程中，曾经用"孔雀理论"来比喻用以吸引他人的这种理论框架。这真是一个贴切的比喻。问题在于并不是每个人都是孔雀，很多人没有美丽的"羽毛"，甚至于还有着毫无优势的身高。

这真是让人沮丧的事。事实上，心理学通过研究发现，只有男人才会更注重对方的容貌，而大多数女人其实更看重男人的自信、微笑、仪表、幽默感、亲和力以及能否成为人群中的焦点等因素——这也是尼尔·施特劳斯在《把妹达人》中阐述的领袖男人的特质。是的，你只要做到这些就足够了。你看看，大街上多少美女都被丑小子带在身边，只能说明他们比你表现出了更多的领袖男人特质。

看过《心灵捕手》这部电影的朋友，都应该记得麻省理工学院的清洁工威尔在哈佛学院酒吧里，是如何面对那些高谈阔论的哈佛高才生的。

"伍德低估了财富的社会差异，尤其是继承财富。这是你从维克斯读到的论点，《艾群就业分析》第98页对不对？我也读过。你要照搬整本书吗？对这些论点你有个人想法吗？你跑到酒吧来高谈书中的论点，还假装是自己的观点，就为了泡妞，糗我的朋友吗？你的可悲是在五十年后，你才会开始了解，生命中有两件事是确定的，一是别只会打高空[①]，二是你花一万零五百元所接受的教育用一块五就能在图书馆得到。"

威尔通过这样一段话，充分展现了自己的才华和不驯的个性，属于一次高价值展示，使他瞬间赢得了美人心。

一些人可能并没有威尔这样的天才思想。不过，这无关紧要。心理学的个性法则告诉我们，如果能够展示出一些独特而突出的个性，往往比很多优良品质更能吸引人们的目光。尼尔·施特劳斯在他的"孔雀理论"里这样简单地归纳道：对于人类而言，等同于孔雀扇状尾巴的，是闪亮的外衣、花哨的帽子，以及在黑暗中闪烁的首饰。这些看似恶俗的东西能起到吸引对方注意的作用，尤其是和异性打交道时。

不过，尼尔·施特劳斯可能还没有想到的是，在当下的社交场合中，一部豪车、一块劳力士手表、一套阿玛尼西服也有着孔雀扇状尾巴的同等作用啊！

---

① 打高空：方言，意思为说空话，这里泛指一些不切实际的行为。

第四章
顺利启动交谈话题

适当地否定

我们都有过逗弄小猫或小狗的经历。当我们将一个小球或一段绳子在它们上方晃来晃去，但是始终不让它们拿到的时候，它们会跳来跳去，一直追着跑。一旦我们将玩具丢给它们，它们玩了几下，多半又没有兴趣了。

这个道理在和陌生人搭讪中有着同样的作用。一旦我们吸引了对方的注意力后，不能急匆匆地扑上去，应该先推开对方，假装并不在意对方。这种推拉手段能够增强对方和你交流的兴趣。

其一，开场白尽量针对他/她身边的人，而不能只是想着交往的对象。在说话的过程中，尽量忽略目标对象。

其二，用我们设计的否定来打压对方，如"好漂亮的长睫毛哦，不会是假的吧（要确信是真的）？"然后再引出下面的话。总之不要让对方骄傲得像个王子或公主，而要让自己表现得像个王子或公主。

其三，在你感兴趣的交往对象对你表示出兴趣时，再适当地打压。比如对他/她的朋友说："她是不是一直都这样幼稚啊，你们也受得了？"打压后，再适当地赞扬，即可产生不错的心理震荡，比直接恭维要好得多。

其四，当吊起对方足够的兴趣后，把他/她同其他人孤立开来（可以让你的朋友帮忙应付其他人，你也可以将他/她带到自己身边），开始你的惯例表演，比如冷读话题、小魔术等。

仍然以《心灵捕手》中的那段场景为例，当威尔说完那段话后，不是转头和女主角对话，而是回到自己的桌旁和朋友们聊天。女主角在被冷落很久后，终于忍不住了，径直来到威尔身边给了他电话号码，多帅！

建立基本联系

搭讪成功后,就可以发挥冷读术的一些技巧了。比如说,你可以和对方说,你会读心术,然后用惯例句式不断说中对方的心思,彼此情感自然加深。

搭讪者:"你不太能对人敞开心胸,这有点遗憾!其实你感情丰富而且很能让人开心,是个极有魅力的人,只是还没有完全展现出来。"

陌生人(高兴):"你真的很了解我啊!"

被别人认为充满感情、有魅力,总是令人高兴的,被别人惋惜"不太能对人敞开心胸",对方就必然要"敞开心胸"了。

你需要做的就是不断地用冷读话语抓住和套出对方的想法。

一次交流,必须延续成长期的交流机会,才算一次成功的搭讪行动。也就是说,不管这次的情感交流能够到什么程度,至少你得要到他/她的电话号码、微信号之类的联系方式,不然则是一次失败的交际。

最简单的办法,当然是直接向对方索要联系方式。必要的时候,也可以通过一些话术惯例索要。

"我和朋友打赌,如果你把电话号码告诉我,他就请我吃饭,不如你告诉我吧,改天我们一起宰他一顿。"

"我平常不随便把电话告诉别人,不过和你聊得很投机,可以把号码给你,你打一下,13××××××××××。"

如果对方不愿意,你可以接着说:"我知道你怕我给你打

第四章
顺利启动交谈话题

骚扰电话，我不会打太多的，最多一天打几个，只是问候问候你，这样行了吧？"，或者也可以说："那把微信号给我吧！"。

当然不是所有人都愿意给联系方式，若对方真的不想给，也不要勉强。

第二节　心灵交流的入口

前面我们讲了如何搭讪，但更多的是基于语言以及自我展现的角度来说的，事实上，在初次与人交流时，还需要注意找准方位进行搭讪这个小细节。

心灵的入口

爱情专家告诉我们，在和陌生女子搭话时，永远不要从后面接近对方，那样只会把她吓跑。我们要从正面靠近，并且不能太正，要偏一点，仿佛仅仅只是擦肩而过的一次问候。

在与人搭讪时，一定要注意人的防御系统，要尽可能地避开，选择从对方比较放松的一面靠近。

以人的身体为例，有反应敏捷的一侧和反应迟钝的一侧。只要你留意，就会发现这一点：当有人和你并肩走着的时候，如果对方在你的某一侧你就会感觉很放松；相反，如果恰好是另一侧的时候你就会不自在，而且你还会有一个不自觉的动作"挤对方"，对方被你"挤得"越来越往另一边走，其实你是想在对方的另一边走路，所以才会有这样无意识地"想过去"。

由此，你可以找到每个人的心灵入口。只要你走对了方向，对方将会对你毫无戒心地敞开心门。需要注意的是，不同的人心灵的入口不同，有的可能在身体的左侧，有的可能在身体的右侧。

冷读术告诉你就是，从对方没有拿包或提行李的一侧进行搭讪，这是很通用的方法。

Lisa又一次有点气恼地告诉男友："走路的时候你要走在我的右边。还有，我喜欢在我左肩上背着包，你不要来替我拿，好吗？"男友一脸无语地看着Lisa，不知怎么惹着她了。

如果你知道这里面的秘密，我相信你一定能处理好和男/女朋友的关系。因为Lisa的身体右侧是她反应机敏的地方，也就是说她的左侧反应很迟钝，一般情况下她不喜欢有人进入她的"禁区"，而包在左侧背着，恰似一把保护伞，保护了她自己，让她有一种安全感。

这样你明白了吗？人比较喜欢把包放在自己反应较迟钝的一侧。提包的时候也一样，可以用来防御不测。所以，如果你要搭讪某个人，就从他没拿包或者没拿东西的那一侧开始吧！当然别忘了一点，如果你女朋友的包的确装了很多东西，那么你看情形要帮她拿一下的，否则就等着她埋怨你不心疼人吧。

很多时候，包也是交往双方之间的防御墙。如果情人把包放在你与她之间，这就暗示着对方还没有完全接受你，或者是想推开你点儿，因为你走得太近了。意识到这一点，你就要耐下心，稍微给对方一些缓和空间，或者适当保持距离。

能在瞬间看中对方的心灵入口在哪儿，在人际交往、商品导购等活动中将发挥神秘的作用。

第四章
顺利启动交谈话题

讨好顾客的秘密

在销售中，很多导购也应用了这个技巧，即利用顾客身体敏捷的一侧，来拉近与顾客的距离。

有一位学生在一家快餐店做兼职，一次在填酸奶的订单时由于粗心多加了一个零，这样就把原本4瓶的订单变成了40瓶，按规定这笔钱要由兼职生自己负责，但对他来说就是自己两周的收入啊！这不得不让他去想怎么尽快多卖出去一些。他观察到，人们进商店购买东西时，会习惯地向左或向右直接拐弯，而且他发现习惯向右的居多。所以，第二天早上，他把酸奶放到了早餐盒饭销售窗的右边，人们很容易看到。酸奶架子上面还有一句话"加强营养少不了酸奶"。结果酸奶很快销售一空。

商品的位置能影响我们的购买欲，这正像我们的反应机制一样，有一侧就是这样"工作"的。在接待客户或向客户推销商品时同样如此。

在一家店里，店老板看过关于人的行为的书。所以，他的店员是这样站的：门口两排一站，但都是斜侧着身，面带微笑，与其他店不同的是，他要求店员观察进店的顾客的衣着饰品，如果是右手拿着包（或者是右侧额头露得比较多），那么就让左侧的店员喊"欢迎光临，请这边走。"随后左边的店员就带着顾客走了；依此类推，如果是相反的，那就是右边店员的事了。

当然，作为一家公司的前台接待，公司在培训时，也应该告诉接待人员，当客户来时，除了面带微笑、侧身站好迎接对方外，还要观察所接待的客户有没有拿包或行李，以及观察客户的头发分线偏向。由此找到对方比较机敏的一边，并进行接待。

由物及人

前面说了很多关于接近对方以及搭讪的方式。在日常交际中，我们也可以从个人喜好切入，进行交流。

"你的手机是什么牌子的啊？"
"三星的，怎么了？"
"挺好看的，它的颜色和你的气质很配，很个性啊！"
"谢谢。我买的时候就是被它的颜色吸引了，而且功能也很多。"
"看得出来很适合你。你工作了还是上学呢？"
"我上学呢，在学市场营销。"
"哦，这个不错，将来好找工作。"

简单的话题从"物品"开始，看似很随意，却开始了你和对方的畅谈。

男："你喜欢宠物吗？"
女："喜欢啊。我就养了一只猫呢！"
男："在这么多动物中，猫还是比较符合你的性情吧？"
女："嗯，大概是猫的那种随性，还有自由自在、慵懒的感觉吧！"
男："像你这个小女人一样，无拘无束，有点懒散却又不失方向感哦！"

第四章
顺利启动交谈话题

对方喜欢什么,并不是问话的目的,我们要知道的是对方喜欢的理由。由物及人,通过这个理由,我们就可以了解对方的个性,为后面的冷读提供信息。

这是一种巧妙询问法,在这种柔软的问话情境下,不会让对方感觉到是在被询问,也就很容易引出对方的回答。这种询问还有以下方式:

……是为何呢?
……这样对不对?
……这样有什么特殊的意义吗?
刚刚提起……是否让你想到些什么?

其实这种巧妙询问法在很多场合都可以使用,我们可以围绕喜好开始。

A:"你喜欢打火机吗?像那个Zippo。"
B:"我不玩。因为我舍不得玩我那生化危机限量版的Zippo。"
A:"看来你对喜欢的东西都很珍惜啊,你是不是性格中也比较怀旧啊?"
B:"算是吧。小时候玩街头霸王游戏,那个乐趣现在依然清晰如初啊!"
A:"那你一定是80后吧,80后的经历很多都挺有意思的。"
B:"算你聪明。听你说话,不像我们80后,是90后吧?"

通过聊游戏,巧妙转移到询问对方的性格,像两个熟人一样,使交谈自然起来,你也获得了对方很多信息,达到了目的。

先让别人了解你

如果你真的想谈某一个话题,看看他人是不是感兴趣,你可以从自己开"刀"。这时候你可以在对方听的过程中,观察对方的表情,如果对方很专注地听你讲,你就可以说完自己后,问对方与之相关的问题;如果对方表情没明显起伏,那么就给自己个台阶结束此话题,转移到对方更容易交流的话题上。

甲:"你上学还是工作了?怎么觉得你像小孩啊!"

乙:"我都上大学了。"

甲:"哦,真看不出来啊。我工作两年了,这两年对我来说冲击很大啊。先是和女朋友分手,后来又赶上经济危机被'流放'到公司下属小公司,现在刚回来。唉!"

乙(回答简单,没有兴趣):"哦,这样啊。"

甲:"我上大学时念的是计算机软件设计专业,现在想想大学四年学的东西都不够踏入社会用的,所以一想起大学时候,就觉得自己少学了好多东西。你呢,现在感觉怎么样?"

乙:"我啊,学的是数学专业,我都快毕业了,现在也是面临找工作,而且我感觉自己专业很受限制,大多数选择都是当教师,所以心里正着急呢。"

在这段交谈中,甲自报家门、谈工作经历,同时也看出对方不感兴趣,所以将交谈话题转移到乙的大学生活上,诱导乙开始交流。

第四章
顺利启动交谈话题

第三节　试试库存通用句

每个人只要适当地进行学习和训练，都能掌握冷读术的技巧，并能够做到活学活用。其中最简单的冷读技巧，就是库存通用句，它可以让你面对任何人、在任何场合都能与对方相谈甚欢。

所谓库存通用句，就像前面的例行话题一样，指的是说出预先准备好的"适用于任何人"的句子，来引导对方交流的技巧。

算命师的库存通用句

库存通用句其实早就被一些算命师应用了。

"你曾经因为个性吃过亏吧！即使是初次相见的人，也能看出你的个性，不过也是因为这个原因，使得对方认为你过于固守己见，无法成为你最知心的朋友吧？"

每个人生来就具有独一无二的个性。我们从小到大不可能一帆风顺，大大小小的"跟头"更是家常便饭，这跟我们的个性分得开吗？所以，算命师这样说是不会不准的。

算命师经常就是靠这些库存通用句来赢得对方信任的，你也许曾经就遇到过，比如下面这些话。

"你时常为曾经没有实现的一个梦想而耿耿于怀吗？"
"虽然你平时表现得无所谓，其实你还是抱着很大的野心吧？"

"过去的人生经验使你明白，过于直率地说话并非聪明的表现。"

"人在交朋友时总是喜欢找与自己个性相配的人，其实交往时间长了会发现和自己合得来的是和自己个性相反的人。"

"你有时会怀疑自己的选择能否坚持下去，即使是按自己的意愿所做的决定。"

"你是那种比较随意的人，其实你做事都有自己的原则，在不触及原则的情况下，你都会欣然处之。"

这些都是模棱两可的话，而且听起来适合大多数人，而我们喜欢给自己戴上这些帽子，也就被利用了。如果你向算命师询问的是爱情方面的问题，那就更简单了。

算命师："如果你已经有女朋友了，那么从交往开始你就抱着和她共度一生的希望，只不过现在遇到了一点问题吧？"

求算者："我真的很爱我的女友，但就像你说的，最近我们闹了些不愉快，甚至打起来了，我不得不怀疑当初的想法还是对的吗？"

但凡想从算命师那里得到与爱情有关的信息，多半不是想问自己的爱情何时到来，就是处于爱情中的人遇到了问题，算命师利用的就是这一点。

库存通用句的技巧

我们在和他人交谈时，有时会遇到这样的情况，对方总会

第四章
顺利启动交谈话题

回馈"我心里也明白这个道理,但是……""即使是这样,我也……""不是这样的……"等类似的话,他对你的话其实没有听进去。从沟通心理学方面来讲,他的沟通防御系统很严密,你很难进入他的频道。

"John,你今天怎么这么蔫儿啊?"
"我的工作没做完,没有顾客买我的产品。"
"怎么会这样啊,你口才很好的啊!"
"我也不知道,今天顾客看着我,好像我脸上写着什么一样,远远躲开了。"
"哦,我看你精神不太好,是不是你表情太僵化了?"
"我也知道我有点心情不好,可是我从来不会把情绪带到工作中的。"
"等你心情好了,就一定没问题啦。"
"可是我不想这样啊……"

明白了吧,这是因为人的潜意识里,有一个"维持现状机制",人们心里总是想维持现状,虽然知道会改变、能改变,但是内心不想改变。这样一来,即使对方是来找你寻求解决之道的,他的内心可能也不会马上接受你的话。

难道交谈就停止于此吗?当然不能,这就需要我们巧妙地使用库存通用句。首先就是说话果断、充满自信;其次是说出一些对方自己想听的话,营造一种氛围。比如带着认真严肃的语气,说的过程中"故意"停一下。

部长:"经理,听说早上您来时公司新来的职员冒犯了您,关于这件事我想和您谈谈。"

经理："嗯，可以，说吧。"

部长："可是这样说出来可能对您有点不礼貌。"

经理："没关系，你就说吧。"

部长："最近公司新聘的这批员工还没有适应工作，就像您今天早上碰到的一样，他们的职业素质还有很大差距。"

经理："是啊，我在招聘时竟然忽略了这一点，有什么弥补建议吗？"

部长："其实您留心观察，他们大多还是不错的。如果能给他们补上职业培训课，我想类似于冒犯您的事情就不会再发生了。"

经理："有道理，那就交给你去办吧。"

就像这样在适当的时机创造一个对方想听你说话的气氛，再加你自信的表达，就能轻易地抓住对方的心理。

恋爱用"库存通用句"

恋爱，是两个人在人际交往中综合智力、情感和个性的行为。如果以恋爱为话题，这里也有适用于任何人的通用句。

"你最近刚开始一段新的感情，可是你们彼此并不是很顺利吧？"

"你怎么知道？我的确开始了一段恋情，可现在我们俩却像两个青草莓，酸酸的。"

"就像草莓一样，情感的成熟总要经历阳光的沐浴、风雨的吹打，不可能一蹴而就的，你不要受了点打击，就起不来了。"

第四章
顺利启动交谈话题

"你说的很有道理,可是我心里不知道怎么办啊!"
"我相信你是个坚定的人,只要你注意观察对方,你就会找到怎样爱对方的方法。"

恋爱的双方很微妙,不经意间就会闹点小别扭,像上面这位表现在脸上的,咨询师一眼就能看出来,再用库存通用句加以确定,就可以让对方自吐心声了。还有这样的:

"Jane,你最近谈恋爱了吧?"
"啊?无凭无据的你怎么瞎说啊?"
"哈哈,看看你就知道啊,因为你变了啊,原来在镜子面前都不超过10分钟的,现在半小时都不止呢,还在那一直笑。果然恋爱的力量伟大啊!他一定很棒吧?"

当你说对方如何时,对方没有直接拒绝而是反问,就说明你说中了,这时你接下来的话对方会坦然接受,尤其是"他一定很棒"更提升了你的话语力度。

在和恋爱中的人沟通时,下面的这些通用句照样适用:

"你应该常常为对方做事,反而被埋怨吧?"
"你应该是希望对方比自己更快乐的人吧?"
"在爱情来临时,你会相信自己的直觉并去抓住吗?"
"在爱情中,即使对方有时很烦自己啰唆,但你相信对方都会记在心里吧?"
"你努力去容忍对方的一些坏脾气,可是有时候还会感觉很难吧?"

这样的话很多,有些女性杂志上的话你也可以拿来当作库存通用句,用以安慰你的朋友。

业务用"库存通用句"

有人说:"好胳膊好腿,不如有个好嘴。"说的就是嘴的重要性。许多业务员往往凭着一张嘴,打下一片江山。

在业务场景下,也有着一些好用的库存通用句。

"作为生产部经理,您一定想提高本部门的作业效率,可是您现在很头疼怎样才能做到这一点吧?"

"的确,如果员工短时间内能够提高效率的话,也就不会积压订单啦。"

"我们公司推出了一种效率提升课程,可以直接提升 30% 的作业效率。"

"提升 30%,不会吧?"

"经理您现在一定还有事要忙,下周三或周四,哪一天您有时间,我来贵公司为您细说?"

"这样啊,那周三吧。"

"好的,我们周三见。谢谢。"

提高公司的作业效率是每个生产管理者的职责所在,这位推销员利用这一点,再加上公司一定时间内不能马上提高的实际情况,吸引对方想听下文。这位销售员不但很好地使用了库存通用句,而且还用了双重束缚句(周三还是周四),让对方做了有利于自己的选择,而不是做出否定的回答。

下面这些业务上的库存通用句,也许能够帮助你的工作。

第四章
顺利启动交谈话题

"作为公司的人力资源部经理,你一定头疼这些新生代员工的职业素养还不足吧?"

"贵公司这么繁忙,业务一定开展得不错,想必在人才引进上也是有着长远的计划吧?"

"你策划和推广了这么多的新品上市,在市场渠道的选择上你一定有着比较独到的经验了。"

"像你这样兢兢业业为公司努力做事的人,老总虽然很重视你,但你的价值还是没有得到公平的体现。"

"最近来自人才培养和团队管理的压力越来越大了吧?"

"贵公司一直致力于产品质量的保障,不过在产品创新上投入的精力应该也不少吧?"

库存通用句是一项很容易掌握的社交技能,不仅在以上所说的各方面可以应用,而且可以更广泛地推广。当你能够熟练地利用它们的时候,你就可以从对方的内心变化中,恰当地调整自己的谈话策略。

第四节　找到共同的话题

有道是话不投机半句多,想和人畅谈,就要有话题可聊。如果能够找到共同的话题,就会使交谈变得更加融洽自如。

认同对方

每个人都希望自己的认知包括知、情、意、行等被他人、被社会认同。然而,在社会生活中,每个人都不会直接说自己希望怎么样被认同,我们的交流对象也不例外。

这就需要我们发挥冷读技巧，巧妙地传达出我们的认同。

"小姐，你一般喜欢什么颜色？"
"紫色吧。"
"紫色对你来说有着特殊的意义吧？"
"我觉着紫色是完美的颜色，看起来有点神秘但又不会太冷。"
"看来小姐很有思想啊，看似与世无争，其实是完美主义者哦！"
"趁现在年轻有资本，一定要多拼几年嘛。"

这位小姐喜欢紫色，在冷读术中喜欢紫色的含义是总想比现在更好，无论是情感方面还是追求进步方面。所以，她在无意识中透露了自己希望这样被认同。

如果掌握了这种询问技巧的话，还可以这样交谈。

"你觉得在朋友聚会上，男士穿什么样颜色的衣服才能显出其独特之处？"
"我觉得是深蓝色，会让人感觉比较冷静。"
"很多时候你可能会不听男朋友理性的建议，结果按自己想的去做却会后悔吧。"
"嗯，仔细想想这样的事还真不少。"

从这个问题中也透露了这位小姐欣赏的男士的标准：要有理性。看似都是随意的交谈，却利用个人的被认同感，获得了我们想知道的信息。

第四章
顺利启动交谈话题

问开放性问题

在前面的内容中,已经说过人们最关心的人是自己。由这一点可知,在寻找共同话题时,我们可以通过问开放性的问题,让对方主动说出来与自己相关的话题。

开放性问题能使当事人对事情进行详细描述,而且注意力也会自动转向这件事。相对地,封闭式问题就会局限很多,当事人会以简单的词回答,像"是的""嗯,是"。

比方说,在回应对方的话"我这段时间对我朋友感到很生气"时,用开放性问题"具体地说,朋友做了什么事让你产生了这种感觉"会比封闭式问题"是吗,那你把这种感觉告诉了他吗"效果更好。

这是因为开放性问题能引导对方多说话,我们能从对方的回答中听到更多信息,而且可以迸出新的"火花",引出交流点。

封闭式话题则相反,听着对方简单的回答,会使气氛慢慢沉闷下来。

"你有时候是不是喜欢自己去公园啊?"
"是的。"
"那你会在那里待很久吗?"
"嗯,对啊。"
"哦,对了,那你一般几点来啊?"
"哦,快五点吧。"

如果接下来换做开放性问题交流,则效果会好很多,也容易把交谈的注意力放到对方感兴趣的事情上。

"五点还蛮早的,那你来了都做什么啊?不会就在椅子上发呆吧?"

"当然不是。我经常会看看动物们,尤其是那些鸽子,喂它们食物很有趣啊,它会一下一下地啄你的手;还有啊,去看看花,去看看鱼;再就是会爬爬山。"

"原来这么多啊,我能感觉到你很有爱心,我想你对你的朋友也这样吧?"

"也可以这么说,我喜欢朋友找我帮忙,这样我会很快乐。"

"做你的朋友真不错耶……"

其实,在日常交往中,有着许多开放性的话题:

"听朋友说,你之前住在东区,为什么决定搬到这里了?"
"休假的时候,你都喜欢做些什么?"
"对网上购物我不太熟悉,你能否告诉我些技巧?"
"你现在工作怎么样,已经完全融入团队了吗?"

看着这些问题,对方还能用简单的几个词来回答吗?这样你就可以获得更多相关的信息,从而抓住对方的喜好。

让对方侃侃而谈

如果你想和对方交谈顺畅,尤其是让对方沉醉于这场对话中,那么就要有吸引点。我们前面说过,一个人最关心的莫过于自己,这就给我们一个提示,我们可以从对方最感兴趣的话题开始,以对方为谈话核心,展开交流。

对方的兴趣点包括个性、爱好等,要从细微处见其品性。

第四章
顺利启动交谈话题

一次琳达拜访一位客户，见其办公室墙上挂着幅字"心静自然通"，就顺势说道："您平常很容易受外界影响吗？""是啊，外界稍有一点声响我就会烦躁。明知道外界环境有时并不影响什么，但我就是静不下心来，所以就写下来，时刻警戒自己。"琳达首先表示自己理解，接着以此为话题和对方讨论，客户对她感觉相见恨晚。这样，琳达和客户就缩短了心理距离，你想她的项目计划对方还会有意见吗？

我们既然生活在现代社会，就得和各种各样的人打交道，我们必须学会找适当的话题闲聊，并在闲聊中建立起情感联系。

对方拿着一本书，以此为媒介，你就可以开始交谈了。"这是什么书啊？你一定很爱看书吧？看你经常随身带着书。"

对方随身带的东西，可以是小包、饰品，也可以是身上的个性装饰，这些都是交谈的媒介。你可以对对方的一切都表现出浓厚的兴趣，引发对方表露自我，使交谈顺利进行。

另外，如果你语言天赋不错，还可以秀一段对方的家乡话，这是非常容易拉近与对方距离的方法。如果你找不到可以利用的媒介，也可以试试前面讲过的开放性话题。

交谈是双方共同参与的，如果没有找到对方的兴趣点，就可以用自己的兴趣点来打破这种僵局，但你要注意的一点就是你说自己兴趣的目的是引起对方的共鸣，使对方想说话。

男："最近我打算去旅游，你觉得现在的季节去哪比较好？"
女："我觉得去云南、海南感觉会很好吧，虽然也快到夏天了，但那边的风情这里是比不上的。"

男："很不错啊。我觉得你应该是一个喜欢四处走动的人，不喜欢在一个地方待很久，可是现下的事情又不得不让你待在一个地方。"

女："你说的没错，我的电脑里存了很多我过去去过的地方的照片，想起那些地方，我就想再次出发。"

男："你去过很多的地方，那可以和我分享那些经历吗？对你的经历我充满了向往。"

这位男士以自己的想法激起对方对此的讨论，在简单地冷读后找到了话题，开始了交谈。像这样以自己开始的话题还有很多：

昨天晚上有排球比赛，我……（以爱好为话题）
我终于完成了这个实验……（以自己的经历为话题）
我们公司要庆祝……（以当前实际为话题）

这样交谈就会进出共同的话题，但就像刚才说的，要从对方的回答中抓住新的话题，使谈话继续下去。

巧妙挖掘共同点

心灵交流就如一场双人舞，只有激发双方的兴趣，才有可能舞出最美妙的舞蹈。所以，我们在交流中，不但要迎合对方的兴趣点，还要挖掘双方的共同兴趣点。

如果通过初期交流，我们无法了解到对方的任何信息，那么可以通过察言观色来挖掘我们和对方之间的共同点。

第四章
顺利启动交谈话题

（1）寻找同类的感觉。

正所谓，梦里寻他千百度，那人却在灯火阑珊处。只要我们积极地去挖掘，工作关系、同学关系、家乡关系、生活经历，以及共同喜欢的电视剧、体育比赛、国内外大事、旅游、文学、美食等，都可以是双方情感交流中的共同点。

（2）观察对方的言行举止。

一个人的表情、谈吐、举止、服饰等都是其内心世界的写照，由此可以看出其喜好、人生观、价值观、脾气和思想深度等内容，只要你善于观察，就会发现与对方的共同点。

（3）以话试探，侦察共同点。

与他人交往，为找到共同点，可以通过打招呼开场，询问对方籍贯、职业等问题，从中获取信息；或者通过听对方的说话口音、言辞，侦察对方情况；最后，还可以用动作开场，边帮对方做某些急需帮助的事边说话试探等，以此发现对方特点，找到共同点。

（4）揣摩谈话，摸索共同点。

寻找共同点，可以留心分析、揣摩这个人同别人的谈话，也可以在对方和自己交谈时揣摩对方的话语，从中发现共同点。

（5）步步深入，挖掘共同点。

有时发现共同点很简单，随着交谈内容的深入，共同点会越来越多。为了使双方的谈话更有益于对方，必须一步步地挖掘深一层的共同点。

只要我们按照上面的技巧和方法，即使对于那些与我们相似点不多的人，我们也能做到"异中求同"，投其所好。

第五章
外向和内向的秘密

　　心理学家荣格把人的性格分为内向和外向两种,他认为一个人的关注点指向外部就属于外向型的人,相反指向自身内心的就属于内向型的人。了解人内外向性格的特点,再辅之冷读技巧,我们就能做到和对方良好沟通。

第一节　两种性格的沟通方法

性格的形成受很多因素的影响，比方说遗传、家庭、教育以及社会环境等，同时性格在一定程度上又会影响一个人的行为方式。

实施冷读术可以了解人的性格因素，因人而异，以做到准确、有效地引导他人的行为。

两种心理的秘密

石井裕之老师按照个体价值观将人的性格简洁地分为以"我"为中心和以"我们"为中心这样两类，同时提供了系统性的冷读策略。

相比之下，在个体价值观上以"我"为中心的，更多的是一种内向性格，在个体价值观上以"我们"为中心的，更多的是一种外向性格。基于此，建立一套冷读语言系统，应该也是非常有效的。

心理学家发现，与人交往时，人脑部活跃的区域，与受到柠檬汁刺激后活跃的脑区相同，于是他们做了一个试验。找来两组被试者，一组为内向者，另一组为外向者。心理学家在每个被试者的舌头上滴上几滴柠檬汁，受到柠檬汁刺激，参与试验者会产生唾液。心理学家发现，内向者产生的唾液量要远多于外向者。由此心理学家认为内向者对刺激的反应更加强烈，在陌生的场合，与人交往时更易感到局促；而外向者反应较

第五章
外向和内向的秘密

弱,更喜欢热闹的情景。

每个人都不可能单纯地表现为单一的外向或内向性格,事实上人都是复杂的混合体,我们所要做的,只不过是找出交流对象身上更加偏向的性格特征。

下面我们通过表5-1即可判断一个人的内向和外向倾向性。

表5-1 个性测量法问答表[1]

序号	问 题	回 答
1	你有时会莫名其妙地高兴,有时又会莫名其妙地沮丧吗	□是 □否
2	你喜欢行动更甚于制定行动计划吗	□是 □否
3	你常常会因为某些明显的原因,或是没有什么原因的情况下出现情绪波动吗	□是 □否
4	当你参与到某种要求快速行动的项目中,是否感到最高兴	□是 □否
5	你易于情绪化吗	□是 □否
6	当你试图集中注意力时,是否会常常出现走神的情况	□是 □否
7	在结交新朋友时,你通常是主动的一方吗	□是 □否
8	你的行为是否倾向于快速、确定	□是 □否
9	你在参加一个会议时,是否会经常想其他事	□是 □否
10	你认为自己是一个活泼的人吗	□是 □否
11	你的情绪有时会高昂沸腾,有时又相当低沉吗	□是 □否
12	如果阻止你参与到大量的社交活动中,你是否会非常地不高兴	□是 □否

对于2、4、7、8、10和12这几个问题,如果回答"是"的话,那么就加上一分,如果回答"否"的话,就减去一分。最后得

---

[1] 引用自 Hans J. Eysenck 的人格问卷。

分就是被试者的"外向"分值，它的分值范围是 -6 到 +6 之间。如果某个问题没有清楚地回答"是"或是"否"的话，就没有得分。

对于 1、3、5、6、9 和 11 这几个问题，如果回答"是"，就加上一分，如果回答"否"就减去一分。最后得分就是被试者的"内向"分值，范围在 -6 到 +6 之间。如果某个问题没有清楚地回答"是"或是"否"的话，就没有得分。

"外向"部分较高的得分（例如是 +6 或是接近于 +6），反映了一个人较高的外向自我评价；而较低的得分（如 -6 或是接近于 -6），则意味着一个人较高的内向自我评价。同样道理，"内向"部分较高的得分（例如是 +6 或是接近于 +6），反映了一个人较高的内向自我评价；而较低的得分（如 -6 或是接近于 -6），则意味着一个人较高的外向自我评价。

通过这些问题我们可以大致了解对方倾向于哪种性格特征。但在实施冷读的过程中，我们没有办法让对方做一个心理测试，这就需要我们通过其他的方法看穿对方的性格特征。

一眼看穿外向或内向

所谓相由心生。外向或内向的心理特征可以通过人的行为特征轻易判断，只要我们注意观察即可，如表 5-2 所示。

表 5-2　人的心理特征与行为特征

区分点	外　向	内　向
穿衣打扮	外向人穿着打扮时尚，服装比较华丽，敢于表现自己	内向人传统、守旧，衣着以朴素、简洁为主
说话	热情、详细，主动发表观点的时候多	直接、干脆，不喜欢绕来绕去
交流	希望得到别人的建议并感谢	不指望他人，通常自己考虑整个计划

第五章
外向和内向的秘密

续表

区分点	外向	内向
理解	尊重他人意见，协调性高	坚持内心所想，对他人的意见很谨慎
行动	即使没有考虑清楚也可以先做做看	理解并做好规划后再按部就班地行动
时间	很少独处，喜欢扎堆	希望拥有很多由自己支配的时间
电话	先联络情感，再谈工作上的事	公事公办，很少煲电话粥
孩子	喜欢孩子，乐于和他们一起玩	不大喜欢孩子，怕吵
动物	喜欢狗、老虎、喜鹊等	喜欢猫、绵羊、鹰等
职业	老师、相声演员、护士、销售员等	研究员、工程师、律师等

认识一个人后，我们可以通过一些方法简单地判断对方是内向的还是外向的。

很多情况下外向型的人比较活泼，只要我们稍加留意就可以识别出来，他们通常会具有以下一些典型的行为特点。

没有固定的站姿，总是动来动去。
手势特别多，肢体语言丰富。
目视前方或上方，很少注意脚下，眼睛总是左顾右盼。
着装随便，颜色亮丽鲜明，色彩较多。
表情充满阳光，露出一口漂亮洁白的牙齿。
一堆人里面说话声最大或笑声最爽朗。

而内向型的人一般比较自省，做事容易陷入自我追求中，通过观察他的外在表现就可以判断出来。总的来说，这类人具有以下外在特征。

体形偏瘦。

头发整齐，如果发现凌乱也会花一些工夫整理。

衣着得体，会用手压着衣服的某个部位。

走路时步调匀称，不紧不慢，双臂摆幅适中。

表情严肃略显悲伤，眼睑下垂，头部基本挺拔。

掌握了以上特征，可以让我们在短时间内形成对他人的印象，方便我们实施冷读术。

外向型的人的人际观

外向型和内向型的人的人际观具体都有什么特征，在实施冷读术时又该如何区分呢？我们先从外向型的人说起。

外向型的人，简单地说是以"外界"为中心思考的。也就是说，他们的目光焦点永远在外界，时刻关注着周围的一事一物，同样他们也很容易受外界的影响。这样的人很爱交际，所以是交际圈里的佼佼者，对朋友不分亲疏、远近，一视同仁，在交往中他才能感觉到自己的价值和成就感。

我就是离不了朋友，有他们，我就能有活力，就愿意干任何事。

——外向型的人说自己。

另外，在商务会谈场合中，外向型的人思维活跃、反应机敏，观点也富有创意。他们不会使会谈冷场，他们能说会道，还辅以表情、肢体语言等。在职场中，外向型的人很善于团队合作。

第五章
外向和内向的秘密

如果有一种床,既可以当上下层的单人床,又可以放下来充当双人床就好了。也许真的可以,我们要试试。

——外向型的人心里想。

任何事物都有两面性,所以外向型的人也有缺点,他们快人快语,这让他人感觉在"抢话";他们是任意场合的焦点,所以有时会太过张扬;他们办事速度很快,反而有点不完美,有点粗糙。

我们来看一个例子。

男:"我问你啊,你喜欢热闹的场合还是安静地独处?"

女:"我喜欢被热闹包围,怎么了,测试?"

男:"那你应该喜欢参加一些有很多人的活动,但也正是因为这一点,你有时说话也得罪了人。"

女:"嗯。我喜欢和朋友玩,但因为有些朋友老躲着我,所以我都克制自己不去参加了。可是这是为什么啊?"

男:"因为你的直肠子呗。就是说,你的个性偏于外向,有什么说什么,也常常口无遮拦,遭人误会。我觉得只要稍微注意一点,你的朋友会越来越喜欢你的。"

由这个例子,你应该明白怎样辨认外向型的人了吧?

与外向型的人沟通的方法

外向型的人以"外界"为重点,因此一般情况下,只要你有所托,他就会答应帮忙。这也使得这类人不太关注自己的"心声",平常给人的感觉都是大大咧咧,很乐观,很坚强,其实他内心也有脆弱处，当需要做出重大决定或压力很大时，他就可能被击垮。

既然外向型的人内心有这样的一面，那么与这样的人沟通，最好的方法就是动之以情，通过情感宣泄产生共鸣。比方说"正是因为有你在，大家的生活才过得如此活色生香，大家都很感谢你"等，这样他就很满足了，也就愿意为你做任何事。

与外向型的人交流时，以下一些例行话题可以发挥出积极的作用。

你很有行动力，事情只是被他人夸大了难度，与其这样无休止地考虑，不如先做了再说。

在任何场合，你都是让人喜欢的朋友，即使是初次见面的人也能很快和你打成一片。

即使和朋友或家人吵翻了，也不过那么回事，你的怒气很快就会平息，你一定还会是那个爽朗的自己。

在工作中即使和很多人关系很好，你还是遇到了不好相处的人，那个人有些小心眼吧，连一点儿小事都和你计较。

当你遇到麻烦时经常会找人商量，获取一些外部信息，而且你总是会很快地找到那个能给你出好主意的人。

这些都是可用于外向型的人的例行话题。在你有用的时候，可以拿来试试。

"你小时候身体受过什么大的伤吗？"

"嗯，我小学三年级时把左腿摔折了。"

"哦，是吗？一定很难受吧？"

第五章
外向和内向的秘密

"对啊,重新走路时特别难受。后来上初中我因为鼻炎,又害得左耳听力下降了。"

"那你真的很让我佩服啊。很多人经历这么多,都会消沉、自卑。我觉得你很乐观,是那种任何人都喜欢的类型,即使是初次见面的人,也能和你熟稔起来。"

"我也有这样的感觉,因为我接受了现实,坦然了也就放下了,没有包袱,当然就喜欢和朋友打打闹闹了。"

石井裕之在他的冷读技巧里提到过外向型的人左半身相对比较容易受伤(不知真假)。大家在实施冷读术时,不妨试试,验证一下。

外向型的人注重人际的情感联络,希望人与人之间有着千丝万缕的情感元素。如果我们有必要向对方写一封约访邮件,我们要在信的开头做一些人情冷暖的铺垫,最后才能提到重点,也就是表明写信的目的。如此,才能让对方感觉到这是一封充满了感情的信。另外,使用表情符号或是彩色文字,或者夹杂"心怦怦跳""太好了""高兴极了"等带有感情的词语,效果会更好。

主旨:李大哥,我想结识您、拜访您

李大哥:

您好!我是××公司××。听×××说您是一位待人和蔼、关心他人的大哥,在这里,我也叫您大哥,希望您不会见怪吧。

我今天写这封信给您,主要是因为……

下面我就说说我的想法。

我公司主要……而贵公司……我公司的产品（服务）肯定能在这些方面为您……

李大哥，我前段时间还在看您写的××文章呢，没有想到我心目中的大哥不但做生意势如破竹，而且写起文章来也是潇洒自如啊，有机会一定要向您当面讨教。另外，如果李大哥您对……有兴趣，记得要联络我啊！

若能收到您的回信，我会非常高兴！

再一次向李大哥问好！期待中。

内向型的人的人际观

内向型的人是以个体"我"为中心的。这种类型的人对环境中的一事一物的反应没有外向型的人那么积极，甚至有些消极，也很少受外界影响。

"听说你一个假期都在家和书店待着了，怎么了？该不会是怕晒吧？"

"哪的事啊，你看我皮肤有你白吗？我不喜欢去玩，也不爱凑热闹，哪像你们还喜欢打篮球什么的，我也就喜欢看看书，上上网，顶多就是去玩玩桌游了。"

"还不错啊你，我都以为你要自闭了，还好起码去玩桌游了，肯定是一对一的那种吧？"

"嗯，你真聪明。"

虽然内向型的人平常不爱说话，但是如果是朋友间一对一的对话，他就会变得非常轻松自如。

总的来说，内向型的人不太喜欢说话，总跟人保持一定的距

第五章
外向和内向的秘密

离,常常会被他人误认为冷淡,其实这样的人也容易感到寂寞,希望有人感触到他的内心。正因如此,内向型的人喜欢从事独立性的工作;在人际交往中,因为以自我为中心,所以对指示自己去做的事很不愿意去做,只有在弄明白、理解了的前提下才会去做。

与内向型的人沟通的方法

和内向型的人沟通要晓之以理,向他解释事情的前因后果,以理性来沟通。

同时,内向型的人比较关注自我,自尊心很强,所以我们需要利用这一点来说话。比如,"这是我专门为你挑选的礼物,别人都没有的",还有"这工作由你来做是最合适的,因为只有你才会"等,满足他的自尊心,激发他的工作动力。

与内向型的人交流时,以下一些例行话题可以发挥积极的作用。

你是一个以身作则的人,要求别人做到的事,你一定会要求自己也做到,甚至对自己的要求更严格。

你的时间观念很强,所以有时对方的迟到会让你难以忍受。

你是一个完美主义者,即使某些事你不想干,但只要开始做了,你就会做到最好。

你喜欢和他人单独交往而不是和三五成群的人交往。

你觉得自己的力量很强大,感觉能力还没有完全发挥出来,觉得有朝一日自己会发挥到极致。

你是一个性子急的人,所以在和别人交谈时,如果对方说话比较慢,你就会着急。

这就是可用于内向型的人的例行话题，跟外向型的人相比差异很大，我们不妨运用一番。

A和B初次相识，A说："你告诉我你手机里存了哪些歌，我就知道你是什么性格的人。"

B说："是吗？你看吧，都在这里。"B把手机给了A。

A看完说："你看起来是一个开朗的人，其实在你开朗的外表下隐藏着安静的心，这颗心喜欢独处，而且力量很强大，总有使不完的劲去追求完美。"

B："是这样吗？很多人都喜欢这些歌的。"

A："也许你没有发现。我们都说眼睛是心灵的窗，而这些歌，比方说你手机里的、你MP3里的，以及你网页上的背景音乐，都犹如你心灵窗户上的风铃，把你的心声形象化了，所以我能听到。"

B："我不否认喜欢独处，很多时候我也喜欢和朋友聚会，不过我会是那个不起眼的。"

A："也许你没注意到，你也是最特别的。"

有时尽管我们并不了解对方的任何信息，我们也可以通过一个媒介，比如喜欢的歌曲，让我们获得对方"隐藏"的信息，接下来的话题也就简单了。

面对一位内向型的客户，如果需要给对方写一封邮件，我们尽量要将信写得简单扼要、重点突出，以免因信过长而给对方留下拖泥带水的不良印象。

主旨：希望与您面谈，为您服务

第五章
外向和内向的秘密

徐总：

您好！我是××公司××。

我公司主要……而徐总您的公司目前……我公司的产品（服务）肯定能在……方面为贵方……

徐总，您在××方面的成就让我敬仰，我也非常想见您，那会使我万分荣幸。同时，如您有××方面的需求，我随时可以为您服务。

期待您的回复！

第二节　两种性格的冷读系统

在语言框架技巧中，我们介绍过一种"就像框架"语言技巧，指的是通过将未实现的体验表现得"就像"已经实现了体验。在面对内向型、外向型性格特征的交流对象时，我们也可以运用这种框架体验模式——将交流对方的某种性格特征描述得"就像"某位你崇拜的偶像的相关特质一样。

"就像框架"冷读术

在石井裕之的冷读理念里，他称为左右手系统的冷读技巧，事实上是一种主动为对方的性格特征赋予"就像框架"的体验模式，也与我们前面介绍的自我暗示技巧异曲同工。

面对外向型和内向型性格特征的人时，只要我们掌握具体的"就像框架"技巧，就能疏通这些人的心灵通道，并察觉、识破对方的所思所想，进而有策略地与之交往。

石井裕之老师用的"就像框架"载体是左右手的手指，这也是比较直接简单的一种方法。因为在任何沟通场景中，唯有自己的双手一直是离自己视线最近的暗示载体，因为赋予每个手指特定的情感对象后，再以这种暗示的"就像框架"体验与对方交流，即可做到神不知鬼不觉。

比如，在石井裕之的"右手系统"中，右手代表以"我们"为主的性格特征的人，同时右手大拇指代表"大哥风范"，食指代表"热爱人群"，中指指"现在"，无名指指"情绪"，小指指"小孩"。在每一个代表的具体指向中，同时又赋予了一些准确的例行话题，最终形成了一套应用于该类型人群的惯用冷读话术。

在这里，笔者想进一步延伸的是，我们不仅可以用自己的双手作为"就像框架"暗示载体，还可以借用对方的手作为"就像框架"暗示载体。在前面的章节中说过，在与对方交流时，尽量摊开手掌给对方看，表达出自己的坦诚和接纳，是一种积极的交流信号。在这种情况下，用自己的手掌作为"就像框架"无可厚非。但如果我们一直盯着自己的手说话，一定程度上会显得比较滑稽，这时候，我们不妨灵活地借用对方的手指作为暗示载体，以完成"就像框架"体验的需求。

举一反三，如果我们能够在头脑里固定一组具有场景感的人或物作为"就像框架"暗示载体也未尝不可。

外向型冷读系统

根据"就像框架"冷读技巧，我们必须为交流对象的性格赋予暗示的载体，就如上面提到的右手系统一样。为了避免广大冷读爱好者混淆暗示载体，这里，我们将"就像框架"暗示载体与石井裕之的"左右手系统"保持一致，同时，我们尽可能地通过情景化改善来提高这种"就像框架"的形象感，方便

第五章
外向和内向的秘密

大家轻松地记忆和运用。

比如对外向型冷读系统，我们可以这样进一步设计：

1. 大拇指→"大哥风范"→周润发、梅艳芳
2. 食指→"热爱人群"→吴宗宪、徐熙娣
3. 中指→"现在"→韩寒、王珞丹
4. 无名指→"情绪"→崔健、谢娜
5. 小指→"小孩"→小小彬、徐娇

将外向型冷读系统的暗示载体以及人物形象①给予定位，则可以得到如图 5-1 所示的图示。

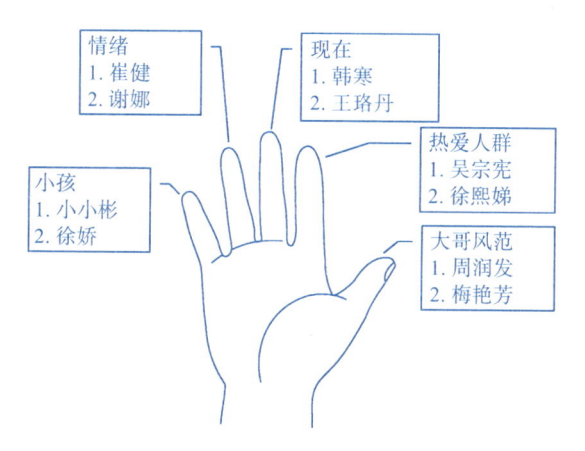

图 5-1　右手"就像框架"图示

从图 5-1 中可以看到，每个手指对应的人已经非常明确，冷读者还可以根据自己的喜好（比如用自己的偶像）进一步替换。通过设计成自己喜欢的一组人，按照这样的顺序设计例行话题

①对文中及图中所列人物名称，作者不能确保其特性的符合度，在此仅做参考。

就会变得更加轻松有趣。这样，只要记住每一根手指所代表的意义或某种性格特质的人，即可轻松地说出自己的赞美之辞。

外向型冷读系统的结构化设计如图 5-2 所示。

在这种冷读过程中，你可以选择一些描述个性的关键词语来赞美你心中想象的某个人，这样的例行话题完全出自肺腑之言，自然容易感动对方。在这种冷读过程中，如果实在找不到例行话题，只要联想某个对应的自己喜欢的明星，自然是好话绵绵不绝了。

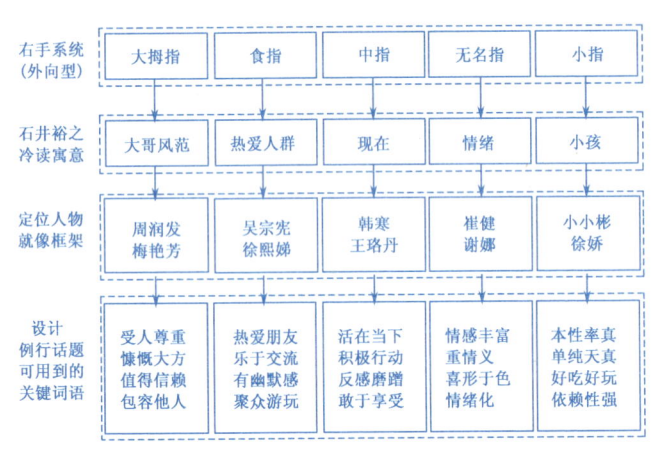

右手系统 (外向型)	大拇指	食指	中指	无名指	小指
石井裕之 冷读寓意	大哥风范	热爱人群	现在	情绪	小孩
定位人物 就像框架	周润发 梅艳芳	吴宗宪 徐熙娣	韩寒 王珞丹	崔健 谢娜	小小彬 徐娇
设计 例行话题 可用到的 关键词语	受人尊重 慷慨大方 值得信赖 包容他人	热爱朋友 乐于交流 有幽默感 聚众游玩	活在当下 积极行动 反感磨蹭 敢于享受	情感丰富 重情义 喜形于色 情绪化	本性率真 单纯天真 好吃好玩 依赖性强

图 5-2 外向型冷读系统结构化设计

外向型的冷读实践

下面让我们尝试根据外向型冷读系统结构化设计，设计可以打动外向型交流对象的例行话题。在实施冷读术时，摊开自己的手掌，从大拇指开始实施冷读惯例。

第五章
外向和内向的秘密

◎ 大拇指的例行话题

大拇指的"框架体验"由"大哥风范"已经形象化成了周润发、梅艳芳这样具有大哥气质或大姐大气质的偶像,这时候,我们就很容易根据他们身上的特性组织例行话题。

竖起大拇指,一般人都会明白那是"敬重"的表示,所以竖起大拇指很容易让人想到受人尊重、不拘小节、慷慨大方、值得信赖、乐于助人、包容他人等个性特点。

我们需要做的就是,面对交流对象,如果他就是个"大哥"类的人,则可以以周润发为"就像框架"载体进行冷读。

你是一位受人尊重、非常有影响力的大哥级人物啊。
你是个看不惯恃强凌弱的人,一定喜欢扶弱制强、帮助弱小。
朋友眼中你是个仗义的人,非常大气,常常包容他人的缺点。
女友在你那里很有安全感,你也很会照顾人啊。
你是个干脆利落的人,朋友们觉得你很可靠。

总之,你可以尽情发挥和联想各种句式来描述这位"大哥",如果对方否认了我们的赞美,稍后将为你讲解应对策略。

当然,如果对方是一位女性,我们则可以按照外向型冷读系统结构化设计中的女性偶像设计例行话题,如"作为豪放的大姐大,你一向慷慨大方、乐于助人,因此也备受他人尊重吧"。

◎ 食指的例行话题

食指的"框架体验"由"热爱人群"已经形象化成了吴宗宪、徐熙娣这样善于交际、搞怪,经常和一帮朋友娱乐的明星,这时候,我们就很容易根据他们身上的特性组织例行话题。

由这些人，我们很容易想到喜欢运动、热爱朋友、乐于交流、具有幽默感等个性特点。

我们需要做的就是，面对交流对象，如果他是个男性朋友，则可以以吴宗宪为"就像框架"载体进行冷读。

"你的交际圈广泛，拥有五湖四海的朋友。不管是网上的虚拟世界还是现实中的交往，你都认为朋友多多益善，因为这样才热闹。即使是新场合，你也能跟刚认识的人熟悉，这靠的是你率真的个性。"

"不管你现在从事什么样的工作，其实你的内心一直都当自己是一位全能的人际交流专家，热爱朋友、乐于交流、具有幽默感，也许那才是你真正向往的生活状态吧！"

◎ 中指的例行话题

如果我们把一生经历的昨天、今天、明天缩小到手掌上看的话，是不是中指之前和之后分别相当于昨天和明天？中指就是分界线，是我们的当下。而包括昨天在内的之前的一切不就是过去吗？明天在内的一切不就是未来吗？

中指的"框架体验"由专注"现在"已经形象化成了韩寒、王珞丹这样的明星。由这些人，我们很容易会想到活在当下、专注做好现在、反感瞻前顾后、行动优先、偶尔有点草率等个性特点。

我们需要做的就是，面对交流对象，如果他是个男性朋友，则可以以韩寒为"就像框架"载体进行冷读。

你很享受当下的感觉，专注做好现在，不在乎上一秒是怎样，也不想管下一秒将会怎样，只求展现一个真实的自己，对吧？

第五章
外向和内向的秘密

你是一个行动派，不会担心将来会发生什么事，觉得只要现在行动，即使明天天塌下来也不去想。

如果对方是一位女性朋友，则可以以王珞丹（扮演的杜拉拉）为"就像框架"载体进行冷读。

你是一个现实主义的女子，只求发挥出自己全身的能量，做最好的自己，即使受了委屈，也不会长久地放在心上，你还是会保持行动优先，只是偶尔有点草率，对吧？

◎ 无名指的例行话题

无名指是感情的表达方式，通常戒指都是戴在这个手指上的，尤其是左手的结婚戒指。

这就容易让我们想到重感情、比较容易喜形于色、偶尔情绪化等个性特点。无名指的"框架体验"可以用崔健、谢娜等明星进一步形象化，这时候，我们就很容易根据他们身上的特性组织例行话题。

你是一个重感情的人，对一个人或一件事会全情投入，达到忘我的境界，你偶尔有些情绪化的表现，让交往对方不知所措，不过那并不是你的本意。

你的喜怒哀乐全表现在你的脸上，所以看到你的表情大家就知道什么时候可以接近你，什么时候最好不要惹你，对吧？

◎ 小指的例行话题

就像小手指的名字一样，这样的人会有犹如小孩一样的性格。但是，绝不能因此在解读对方时有言语的轻视，这点很重要。这是因为这样的人有犹如小孩般的纯真和可爱，也有小孩般的直率、幼稚甚至轻信于人。

这就容易让我们想到单纯天真、容易受伤、好吃好玩、依赖性强等个性特点。小指的"框架体验"可以用小小彬、徐娇等可爱的童星进一步形象化，这时候，我们就很容易根据他们身上的特性组织例行话题。

虽然你有很多朋友，但其实你心里很怕寂寞吧？如果对方突然不理你了，你可能就会像小孩子一样耍耍脾气，看起来还是很可爱，对吧？所以，其实朋友还是喜欢可爱的你的。

有时候你的想法有点天真，即使不能实现，你也会很高兴，对吗？

在实施冷读术时，除了可以按照外向型冷读系统结构化设计中提供的例行话题作为关键词语，还可以灵活发挥，做到举一反三。

◎ 外向型的全套例行话题

人的个性特征丰富而多变，我们必须善于组合运用各种例行话题，才能与对方建立起更深层次的心理联系。

面对外向型的人，我们可以根据外向型例行话题展开图（如图5-3所示）从左至右按顺序（也可打乱组合）说出我们的例行话题。

当我们面对一位男性朋友时（面对女性交往对象时可以此类推），我们可以这样交流：

第五章
外向和内向的秘密

定位人物就像框架	周润发（大拇指）	吴宗宪（食指）	韩寒（中指）	崔健（无名指）	小小彬（小指）
设计例行话题可用到的关键词语	受人尊重 慷慨大方 值得信赖 包容他人	热爱朋友 乐于交流 有幽默感 喜欢游玩	活在当下 积极行动 反感磨蹭 敢于享受	情感丰富 重情义 喜形于色 情绪化	本性直率 单纯天真 好吃好玩 依赖性强

图 5-3　外向型例行话题展开图

你在生活中一向慷慨大方、乐于帮助他人，因而备受他人的尊重（大拇指/周润发）。从这点上来说，你就是一个让朋友离不开的人，你也是自始至终热爱朋友、乐于交流，时常发挥出身上幽默细胞的大好人（食指/吴宗宪），正因为这个原因，你永远都展现着活在当下、敢作敢为、即时享受的"雄性动物"本色（中指/韩寒），在你丰富的情感世界里，你宁愿喜怒哀乐挂在脸上，也不想把心事藏在心里，即使被他人误解为一个比较容易情绪化的人也在所不惜（无名指/崔健），因为那才是一个真实的你，那是你率真本性的体现（小指/小小彬）。

上面这段例行话题，完全按照展开图进行。当对方听到这样的冷读话语时，自然非常高兴，因为这会让对方感觉到你的每句话都说到了他的心里。

事实上，我们也可以灵活地组合其中的部分关键词设计例行话题，下面是一种尝试。

双方工作人员要谈项目，刚开始总少不了寒暄。甲方看见乙方代表坐下后，右手的大拇指压在左手上面，于是说："您在日常生活中，一定很受人尊敬，受人倚重，看到别人有困难，即使人家还没开口，您就忍不住想帮对方。我想，在工作中，您也是不拘小节的人吧？"乙方听到甲方代表的话，心想："我并没有和他接触过啊，他何以得知？"于是说道："您很会看人啊，难道我脸上有把这些写出来吗？""哦，当然没有，我只是在您一进来时就感觉到您有这种风范，让我不自觉地去欣赏您啊！"甲方婉转地说。"看来我们这次合作会很愉快啊！哈哈，我们开始吧！""好的，我也同样这样期待。"

内向型冷读系统

了解了右手系统，你会发现这些都是倾向于外向型性格的人的描述，接下来我们就来研究左手的奥秘，也就是面对内向型的人适用的冷读术。

其实熟悉了右手系统，也就相当于了解了左手系统。因为左手系统和右手系统是完全相反的。同样，为了与石井裕之的左手系统保持一致性，并使大家更好地记忆，我们尽可能地通过情景化改善来提高这种"就像框架"的形象感。

1. 大拇指→"专家气质"→爱因斯坦、居里夫人
2. 食指→"害怕人群"→卡文迪许、张爱玲
3. 中指→"过去或未来"→巴菲特、董明珠
4. 无名指→"理论和原则"→哥白尼、杨澜
5. 小指→"独立自主"→王小波、三毛

将内向型冷读系统的暗示载体及人物形象给予定位，则可以得到如图5-4所示的图示。

第五章
外向和内向的秘密

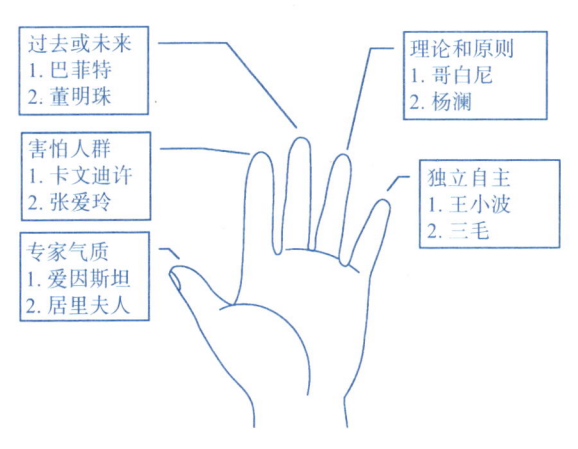

```
过去或未来
1. 巴菲特
2. 董明珠

理论和原则
1. 哥白尼
2. 杨澜

害怕人群
1. 卡文迪许
2. 张爱玲

独立自主
1. 王小波
2. 三毛

专家气质
1. 爱因斯坦
2. 居里夫人
```

图 5-4　左手"就像框架"图示

从 5-4 图中可以看到，每个手指对应的人已经非常明确。这样，只要记住每一根手指所代表的意义或某种性格特质的人，即可轻松地说出自己的赞美之辞。

内向型冷读系统的结构化设计如图 5-5 所示。

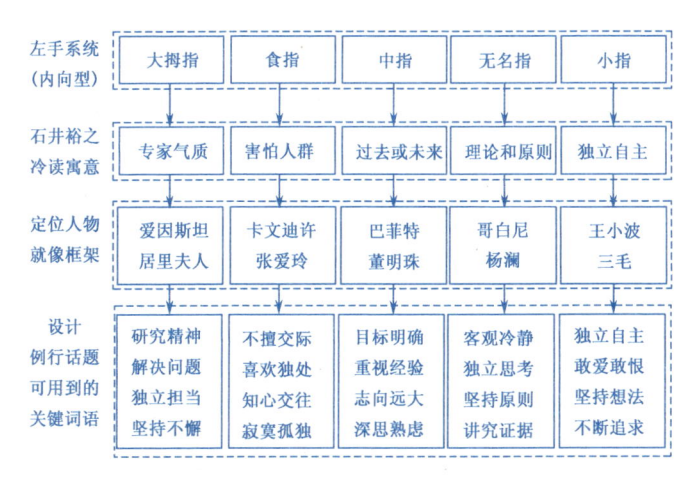

左手系统（内向型）	大拇指	食指	中指	无名指	小指
石井裕之冷读寓意	专家气质	害怕人群	过去或未来	理论和原则	独立自主
定位人物就像框架	爱因斯坦 居里夫人	卡文迪许 张爱玲	巴菲特 董明珠	哥白尼 杨澜	王小波 三毛
设计例行话题可用到的关键词语	研究精神 解决问题 独立担当 坚持不懈	不擅交际 喜欢独处 知心交往 寂寞孤独	目标明确 重视经验 志向远大 深思熟虑	客观冷静 独立思考 坚持原则 讲究证据	独立自主 敢爱敢恨 坚持想法 不断追求

图 5-5　内向型冷读系统结构化设计图

内向型的冷读实践

下面让我们尝试着根据内向型冷读系统结构化设计图，总结可以打动内向型交流对象的例行话题。在实施冷读术时，摊开自己的手掌，从大拇指开始实施冷读惯例。

◎ 大拇指的例行话题

左手大拇指的"框架体验"由"专家气质"已经形象化成了爱因斯坦、居里夫人这样具有研究精神的科学家或专家，这时候我们就很容易根据他们身上的特性组织例行话题。一般来说很容易就会想到研究精神、独立担当、不愿随便麻烦他人、乐于解决问题、不达目的不罢休等个性特点。

我们需要做的就是，面对类似的交流对象时（这里以男性举例），则可以以爱因斯坦为"就像框架"载体进行冷读。

你是一个很有目标的人，而且为了追求目标，你会坚持不懈，甚至会让其他人不可理解。

与其在各个领域都懂一些，你更喜欢在某一个领域做出出色的成绩吧？

如果让你和一堆人相处，尤其是小孩，你会感到头昏脑涨吧？

◎ 食指的例行话题

左手食指的"框架体验"由"害怕人群"已经形象化成了卡文迪许、张爱玲这样的知名人物，这时候我们就很容易根据他们身上的特性组织例行话题。一般来说很容易就会想到不善

第五章
外向和内向的秘密

交际、喜欢一个人静静地独处、只和知心朋友交流等个性特点。

我们需要做的就是，面对类似的交流对象时（这里以男性举例），则可以以卡文迪许为"就像框架"载体进行冷读。

你常常不自觉地思考生命价值等问题，并且常会感到孤独，对吧？

你觉得与人交往是件麻烦的事，不解风情的人们常常让你受伤。

虽然你也喜欢和朋友们相聚，但是会觉得很累，不如自己独处来得自在。

如果对方是位女性，则可以以张爱玲为暗示载体，来设计例行话题。

你喜欢一个人独处，即使是内心深处的那份爱也是与众不同的吧！

虽然你常常感到孤独，但是你却乐于享受这份孤独，做一个独一无二的自己。

◎ 中指的例行话题

左手中指的"框架体验"由"过去或未来"已经形象化成了巴菲特、董明珠这样的知名人物，这时候我们就很容易根据他们身上的特性组织例行话题。一般来说很容易就会想到重视经验、深思熟虑、目标明确后才行动等个性特点。

我们需要做的就是，面对类似的交流对象时（这里以男性举例），则可以以巴菲特为"就像框架"载体进行冷读。

不管是人生的选择,还是理财投资,你不仅非常重视最终成果,而且还会不断参考以往的经验教训,力求做出最正确的选择。

毫无计划、毫无准备的事你是不会做的,你要做的事一定是经过深思熟虑的。

对于未来,你一定有很多构想吧?

当遇到困境时,你能做出最坏的打算,并接受它、面对它。

◎ 无名指的例行话题

无名指的"框架体验"由"理论和原则"已经形象化成了哥白尼、杨澜这样的知名人物,这时候我们就很容易根据他们身上的特性组织例行话题。一般来说很容易就会想到客观冷静、坚持原则、不受环境影响、理性大于感性等个性特点。

我们需要做的就是,面对类似的交流对象时(这里以男性举例),则可以以哥白尼为"就像框架"载体进行冷读。

因为你总是能够在众多的事件中找到更合理的答案,所以也给人留下了具有真知灼见的好印象吧!

在面对选择的时候,你总能冷静、理性地做出判断吧?

因为你给人的感觉很理性,不太把情绪表现出来,所以别人会觉得你不好亲近而与你保持距离吧?

有时候你有独到的见解,但在现实的生活中却不怎么能够受到尊重,这让你寒心吧?

◎ 小指的例行话题

小指的"框架体验"由"独立自主"形象化成了王小波、三

第五章
外向和内向的秘密

毛这样的知名人物,这时候我们就很容易根据他们身上的特性组织例行话题。一般来说很容易就会想到独立自主、敢爱敢恨、坚持想法、不断追求等个性特点。

我们需要做的就是,面对类似的交流对象时(这里以男性举例),则可以以王小波为"就像框架"载体进行冷读。

大家觉得你是一个坚强的人,其实你也有脆弱的一面,只是没有表现出来而已。

在工作中你有时会忙得废寝忘食吧?

你相信靠自己的力量一定能生存下去。

你永远都是那个敢爱敢恨、不断追求的×××吧?

◎ 内向型的全套例行话题

面对内向型的人,我们一样可以从左至右按顺序(也可打乱组合)说出我们的例行话题。

在外向型冷读系统中,我们以与男性交流对象为例设计了一套例行话题,这里我们不妨换个角度,在内向型例行话题展开图(如图5-6所示)中以女性交往对象为例设计一套例行话题。

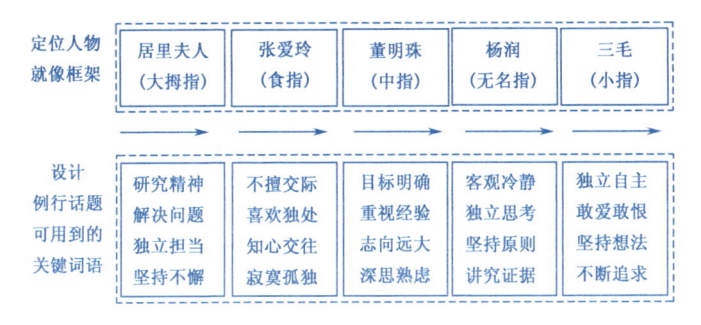

定位人物就像框架	居里夫人(大拇指)	张爱玲(食指)	董明珠(中指)	杨润(无名指)	三毛(小指)
设计例行话题可用到的关键词语	研究精神解决问题独立担当坚持不懈	不擅交际喜欢独处知心交往寂寞孤独	目标明确重视经验志向远大深思熟虑	客观冷静独立思考坚持原则讲究证据	独立自主敢爱敢恨坚持想法不断追求

图5-6 内向型例行话题展开图

你在生活中一向勇于担当，即使陷入困境，也会发挥出你的研究精神，并最终解决问题（大拇指/居里夫人）。这也让别人认为你就是一位沉迷于自己、不善交际的孤独前行者，也许只有知心的朋友才能了解你内心的感受（食指/张爱玲），并为你的远大志向所折服。只有他们才能了解你的深思熟虑究竟是为了什么，明白在你清晰而明确的目标背后（中指/董明珠），除了保持着客观冷静的思维意识，还保持着坚持原则、实事求是的决心（无名指/杨澜），他们会敬佩像你这样的独立自主、敢爱敢恨的新女性（小指/三毛）。

上面这段例行话题，完全按照展开图进行。大家可以按照这种方法，举一反三地设计例行话题并进行练习。

第三节　打通陌生人的心灵通道

面对一个陌生人，彼此从没有过交集，上面讲解的关于外向型、内向型的冷读系统能够有效进行吗？在说得不适合或说得不准的时候该如何处理呢？下面就提供在两种性格冷读系统中随意切换的方法。

从右手开始

前面介绍了外向型、内向型的冷读系统，大家已经知道了应对内向型、外向型两种性格的交流对象的冷读技巧。也许你会想，其实很多人并不是绝对的内向型或者外向型啊！

是的。正因为没有绝对的内向型或外向型的人，所以我们在开始使用外向型、内向型冷读系统时，可以不管对方是什么

第五章
外向和内向的秘密

性格的人，都从右手开始。这是因为每个人都是偏向外向或者偏向内向的，再想想我们的冷读系统，右手大拇指是"大哥气质、受人尊重"，说一个人具有受人敬重的气质比说一个人喜欢独处讨巧吧。这样即使这句话不被对方接受，也很好弥补。

所以，不用刻意地去判断对方是内向型还是外向型，就可以从右手开始用例行话题实施冷读。

"××，你的个性应该是有主见比较开朗的那种，刚认识你的时候就是这感觉。看到别人有事，你绝不会置之度外是吧？"
"嗯，谁都有遇到事的时候，能帮就伸把手。"
"凭你这句话，你这朋友我没白交。"

简单的豪爽之语，就打动了对方。如果直接来一句"你是个有主见、个性开朗的人"，怎么听都只是半句，所以说话还要巧妙、圆润，才会更加让人乐于接受。

一路称赞下去

从右手的大拇指开始，如果对方的反应还不错，那么就往食指、中指依次开始解读例行话题。

为了让大家明白这个简单的道理，这里将前面的外向型冷读系统中设计的例行话题依次排出来。像这样解读，是不是很容易打动对方？

（右手大拇指/周润发）：你是一位受人尊重、非常有影响力的大哥级人物啊！

（右手食指/吴宗宪）：你的交际圈广泛，拥有五湖四海的朋友。不管是网上的虚拟世界还是现实中的交往,你都喜欢朋友多多益善,因为这样才热闹。即使是新场合,你也能跟刚认识的人熟悉起来,这靠的是你率真的个性。

(右手中指/韩寒):你很享受当下的感觉,专注做好现在,不在乎上一秒是怎样,也不想管下一秒将会怎样,只求展现一个真实的自己,对吧?

(右手无名指/崔健):你是一个重感情的人,对一个人或一件事会全情投入,达到忘我的境界,即使偶尔也有些情绪化的表现,让交往对象不知所措,不过那并不是你的本意。

(右手小指/小小彬):有时候你的想法有点天真,即使不能实现,你也会很高兴,对吧?

在解读的过程中,时刻注意观察对方的表情、语言等反应,这也是冷读的关键。如果抓不住对方的反应,一错再错,就没有意义了。

巧妙置换情境

在日常谈话中,按照从右手大拇指开始的例行话题肯定有被对方否定的可能,这时候只要我们学会巧妙地切换成相对应的另一只手指的"体验框架",就可以重新把握话语主动权。

(右手中指/韩寒):你很享受当下的感觉,专注做好现在,不在乎前一秒怎么样,也不想管下一秒将会怎样,只求展现一个真实的自己,对吧?

对方:也不是了,我一直都很在意将来怎样,即使现在累点,我也要为将来做好积累啊!

第五章
外向和内向的秘密

在我们解读外向型冷读系统时，如果对方在右手中指，以韩寒为框架体验的例行话题中表现了相反的意见，我们可以马上切换到它的对立面内向型冷读系统，以左手中指（巴菲特）为框架体验的例行话题上，这样正反两面都说到了，自然就会说中对方的心思。

（左手中指／巴菲特）：就是说嘛，不管是人生的选择，还是理财投资，你不仅非常重视最终结果，而且还会不断参考以往的经验教训，力求做出最正确的选择。

是不是很简单？一下就切到对方爱听的话题上啦！下面我们只要接着在内向型冷读系统上往下说即可。

（左手无名指／哥白尼）：在面对选择的时候，你总能冷静、理性地做出判断吧？
（左手小指／王小波）：大家也都相信你永远都是那个敢爱敢恨、不断追求的×××。

通过这样的交流，对方一定会将你视为知己。需要注意的是，在这种冷读过程中，一旦某一处的例行话题被否定了，只要不动声色地切换到相对立的一面即可，然后在这个类型的冷读系统上接着说出下面的例行话题就行了。通过这样折返式的例行话题技巧，即可轻易地说中对方的内心，赢得对方的信任。

适当的变化

虽然这样的冷读系统很有效，但凡事不可僵化。在实施冷读术时，要尽量表现得柔和、灵活一些，适当的时候也可以打乱系统的既定顺序解读例行话题。

还有，在实施例行话题时，必要的时候可以聊一些其他的例行话题，保持谈话的丰富性和生动性。

"嗯，毕竟有些事是不能控制的啊！"

"也许就是这样。有时候可能做得再好，也有自己不满意的地方，也会因此而感觉受伤吧？"

"当我有这种感觉的时候，我真的就会像小孩一样，谁也不想理，否则就会和对方闹别扭，把气撒到人家身上。"

"所以，你给我的印象很正派，我也希望能和你像现在这样聊天，说说彼此的不快，对彼此一定会有帮助的。"

每个人都有外向型和内向型的特点，这也使得我们的冷读可以转换于其间，乐此不疲。

第六章
超级有效的冷读话术

在实施冷读过程中，谈得最多的总是各种各样的例行话题，仿佛它们就是一把把打开陌生人心灵的钥匙。事实上，不管是何种奇妙的例行话题，它们总是有着一些可以被破解的秘密。

第一节　活学活用特异话术

在和陌生人交流时,对方总是保持着一些警戒心。只有使对方放下这些警戒心,才能让双方的交流更加愉快。

在冷读术中有一种特异话术,可以在刚开始接触对方时,通过闲聊的方式柔和地渗透自己的真正目的,从而让对方不会感觉很突兀,对于接下来的话题就会水到渠成。

聊天用的特异话术

在商业社会中,不可能一见面就很热情地向对方推销东西或谈合作,还需要有一个寒暄的过程。

关键的一点,就是记住要在寒暄的过程中透露出自己的真正目的,然后再进入主题。

推销员:"早啊,您每天都起这么早吗?"

赶路者:"嗯,对啊。每天都是这样,我就是操劳的命啊!"

推销员:"也许您可以轻松点的,我看见很多人都开始使用方便轻巧的代步工具了,而且有好多还是我的电动车客户呢,反应都不错啊。"

赶路者:"哦,真的这样吗?"

这样在正式谈话之前,就让对方了解了你的意图。接下来一边谈内容,一边重复之前的话,你的目的就达到了。这样你已经完全不用再夸你的产品,因为这个形象已经植入到了对方的头脑里。同样的道理，在和朋友闲聊时也可以这样应用。

甲："最近在忙什么呢？"

乙："忙工作，也忙家人的事。"

甲："是吗，家人怎么了？我最近看了部电影，里面的情节不错，而且那个主角和你还很像呢！"

乙："哦。我家也没啥事，到农忙季节了，你最近怎么样啊？"

甲："我工作也马马虎虎，最近还开了一家自助式的音像吧，我刚才说的那个电影就是音像吧里最受人欢迎的一部电影呢！"

乙："哦，听你说的好像不错啊。"

甲："你还真说对了，如果你看了那部电影，也会和我一样认为你和那个主角很像的。"

乙："真的吗？"

当你一再重复这部电影时，对方的心思已经陷入这里面了，如果你再说"如果你需要这部电影碟的话，我可以帮你准备一套，有空就给你送过去"，这时对方一定会爽快答应。

商业用的特异话术

做生意的人，生意越做越大，说话的技巧也是越说越有门道的。在商业中运用特异话术往往也会发挥出迷人的魅力。

销售员："昨天央视的晚会真是精彩啊！"

女士："是啊，我都看完了，我真喜欢里面的演员们，一个个都那么的青春。"

销售员:"是啊,这让我想起里面的一个人,你知道××吧,他是我的一个客户,已经用我们的护肤品好多年了。他的表演真的是很出色啊"。

女士:"那个演员啊,我知道,我女儿就很喜欢他。"

销售员:"那真是太巧了。下次我再见他时,一定替你女儿要一张签名照啊。"

女士:"谢谢啊。"

在闲聊中,销售员让对方接受了这样一个信息:那个演员是他们多年的客户,那他们的产品肯定不错,可以让人看上去那么有活力。接下来,再和客户谈具体产品时,客户一定会主动问及该产品的信息。

在生意场上,这样的冷读技巧可以轻易地让你说服客户。

店员:"您好,想买鞋是吗?我帮您推荐一下吧!"

顾客:"你们这店是新开的吧?原来没见过。"

店员:"对啊,我们刚开业,欢迎您的光临。"

顾客:"你们这里有鞋跟低些的鞋吗?"

店员:"有,您到这边来看看。"

顾客:"这些我都不太喜欢,剩下的都是跟高的了。"

店员:"其实您可以尝试穿跟高的鞋,有时候尝试些改变,会感觉不一样的。"

顾客:"我习惯了穿跟低的鞋,一旦习惯了是不想改变的。"

店员:"您是个比较执着的人吧?"

顾客:"嗯,我很喜欢坚持到底。"

店员:"不过,其实您也蛮喜欢刺激和冒险的吧?"

第六章
超级有效的冷读话术

顾客："对啊，那样才有意思嘛。"

店员："也许您自己不知道，从您一进来我就感觉您的气质很好，如果再配双高跟鞋，就更显您的独特了"。

顾客："是这样吗？"

店员："您先试试看，然后才知道我说的对不对啊！"

顾客："是吗？那我来试试看吧。"

店员的一席话，让顾客心起涟漪，激起了顾客心中追求刺激和冒险的劲儿，接下来就可能买下她想尝试的鞋。

在前面我们谈了开始聊天时可以使用的特异话术，我们其实也可以在结束话题或者在会谈中间休息时利用特异话术来传达我们的信息。

有家保险公司开联谊会，有些买保险的客户受邀来了，还有一些没买保险的潜在客户也被邀请来了。闲聊时，一位潜在客户问业务员："是不是参加你们这个联谊会，就必须得买保险啊？"业务员是这样说的："我们公司已经在海外、国内上市，这次联谊会是为了庆祝入选世界百强，很多客户选择了我们现在最新的理财投资方式，如果不来了解一下，岂不是错过很多机会吗？"这位潜在客户心想：原来是这样啊，能来这么多人，他们的客户真的很多，他们公司实力很强啊！

这位潜在客户这样一想，接下来就很可能购买该公司的保险或理财产品了。公司召开联谊会，目的其实也是赢得新客户，同时促使老客户继续选择他们的产品。这期间怎样与不同的客户说话，是很有技巧的。面对老客户，还可以这样说。

客户：“我都已经买你们的保险了，还让我来参加干什么？”

业务员：“让您来是为了联络感情，增加我们彼此的诚信度。我们公司已在海外上市，而且我们公司还有很多新的资讯，这对您来说都是信息，而且可以让您确定自己的选择是非常正确的。”

这样的闲聊，抓住了客户的疑问点，让客户对该公司的产品更有信心，同时也传递了公司的新资讯，埋下让客户继续关注甚至购买更多该公司产品的线索。

需要注意的是，如果你在闲聊时，尤其是在非商业性质的场合，你有可能需要编造一些事来继续话题，那么这时候你的故事应该尽量与事实接近。相反，如果连你自己都不相信，那么这个"不相信"也会传递给对方。因此，与事实无限接近才是最好的。

求人用的特异话术

我们谁都难免遇到困难、麻烦事，甚至有时着急得如热锅上的蚂蚁，不知如何是好。如果你只能求人帮忙，而且还想事情顺利，就要衡量话语间的技巧了。

求人办事时下面这些技巧是你要掌握的。

◎ 绕个远求对方

甲："明天下午我要去书城买一本×××书做论文参考，你要去做什么啊，有安排吗？"

乙："没有安排，可能就在家吧！"

甲："只是我同时还有个会议要参加，分不开身。你能不能

第六章
超级有效的冷读话术

帮我去买那本书啊？"

乙："这样啊，反正我也没事，去买一下也可以。"

甲："那太好了。我开完会就去你那里玩吧。"

如果你想让对方帮忙，就需要考虑这样的说话技巧。如果直接说"我因为要开会，你帮我去买一本书"，对方很可能以已有安排来拒绝，但是像这样，知道对方没安排的前提下再提出要求，对方答应的可能性就非常大。

◎ 用幽默来回答

幽默的说话方式与严肃的说话方式相比，可以让对方放松、心情愉悦。求人办事时用幽默的方式，对方就会易于接受。

经理："阿雅，你干得真不错，好好加油，我不会亏待你的。"

员工："谢谢经理，我想经理的意思是说我的薪水袋就要鼓起来了吧？"

经理："会的，一定。"

员工向上司要求加薪，有时候很难达到目的。该员工面对经理的鼓励，用幽默的话，好像在开玩笑一样提出自己的要求，这样的效果就会比较好。

◎ 显出弱点，让对方来做

说出自己想请人办的事，用商量的口气、诚恳的态度，表现出自己毫无把握，让对方思考自己的建议和请求，以达到让对方主动帮自己的目的。

凯利:"如果我想买一台新的电脑,你说我买哪个牌子好?"

劳拉:"这个你要考虑好多因素,比如说价位、性能、评价、内存、软件安装、硬件等,都要心里有个准备的。"

凯利:"这么多啊,可是我对这些方面很白痴,你真的很内行啊!"

劳拉:"我还好啦,都是买东西练出来的。"

凯利:"我想买个好点的,现在我是一点把握都没有,如果我去了岂不是等着挨宰吗?"

劳拉:"如果你不太急的话,等这个周末我陪你去吧。"

如果你想让对方"不得不"帮你,就要让对方和自己都有空间考虑,显出自己的弱点,对方自然会主动帮你。

第二节　连续肯定问句的妙用

心理学研究表明,如果通过问句的方式来询问一个人,并且让这个人不断地处在相同的回答之中,那么这个人就很容易受人控制。这就是著名的"睡眠效应",冷读术中的连续肯定问句模式也是利用这一原理开发的。

是的,是的,是的

与人交流,我们可以利用肯定问句,让对方处于回答"是的"的包围圈中,最后,当我们说出自己的要求时,对方也会给予肯定的回复。

第六章
超级有效的冷读话术

先来做一个游戏：连续说十次"猫怕老鼠"，然后马上问自己"猫怕老鼠吗？"几乎所有人都会说"猫怕老鼠"。这是一种暂时性强化，反复同样的话，你的思考就会倾向于那个方向。

说这个例子的目的是人有时候很容易被诱导做出惯性回答。如果你想得到对方的惯性回答，那么你就需要学会这种问话方式。

"今天你上网了吧？"
"是的。"
"看你这么高兴，一定打游戏打到过关了吧？"
"嗯，可以这么说。"
"看来你是一个很执着的人，不达目的不罢休啊！"
"对啊，你好像很了解我呢。"
"其实你内心很想让自己放松一下，因为总是放不下该放下的。"
"嗯，好像有点，最近老想去换个环境发展，但是我还不知道这边怎么处理。"

看似简单的聊天，在对方的头脑里，已经植入了"什么是放松呢？我是不是还有放不下的东西呢？"这样就可以得到对方积极的回应，让对方觉得自己的心事被你说中了。

我们与人交谈时，当然不想遭到拒绝，使用连续肯定问句则可以帮我们达成这一目的。

旅行社："听说最近您要休假旅行？"

上班族A："是啊，想放松一下。"

旅行社："您一定有详细的计划了吧？"

A："对啊！"

旅行社："我记得是一星期的假期吧？"

A："没错。"

旅行社："您打算去海南玩吗？"

A："是啊，我喜欢那里。"

旅行社："如果您自己去，那边的宾馆、车费、景点参观都很贵呢！"

A："可不是嘛，我也打听了。"

旅行社："如果能让您玩得尽兴，同时还不用担心消费的问题，您一定会很乐意的吧？"

A："如果真是那样就好了。"

旅行社："我们旅行社可以为您提供这样的服务，为您订票、订房，其他时间您自己玩，绝对优惠，您可以看一下价目表。"

A："哦，这样啊，我看看。"

让对方在回答时给出肯定回答，一般来说只要给出5次以上，对方就会对接下来的问题自觉给出肯定回答。在上面这个案例中，旅行社不断强化A的思维模式，并趁机提出自己的目的，对方此时已有了认同感，自然就同意了。

回答"不是"也不怕

如果你遇到的人偏偏回答的是否定答案"不"或"不是"，这时候你的心有些慌了吗？完全不用这样。想想我们前面讲的

第六章
超级有效的冷读话术

外向、内向冷读系统,你只要用点技巧转换一下就可以了。也就是说,当对方的回答是"不"时,我们可以通过一两个问题让对方再回到"是的"的肯定回答中。

下面还以旅行社的例子说明。

旅行社:"听说最近您要休假旅行?"
上班族A:"是啊,想放松一下。"
旅行社:"您一定有详细的计划了吧?"
A:"不是,刚定下来的假期。"
旅行社:"哦,刚定下来的啊?"
A:"对啊,我申请了好久,领导昨天刚同意的。"
旅行社:"原来如此,那您一定想好好玩一下吧?"
A:"那是一定的。"
旅行社:"我记得是一星期的假期吧?"
……

对方的"不是"否定了旅行社的猜测,只用一个"原来如此",再加一句"那……",就让对方又回到了肯定回答的模式中。

有效说服固执的人

有这样一类人,你问他们什么,其回答总是"不是",他们没听进去也不接受你的话,心里只有自己的反应模式,只是在说出他们头脑里的想法。

遇到这样的人,必须学会相处,让这样的人陷入我们的连续肯定问句中,也就能转变他们的态度了。

科长:"会计,我看了你起草的预算报告了,你估计的是54 100元对吗?"

会计:"是的,科长。我可以拿详细的计算数据给您看。"

科长:"这倒不用。我是想改成60 000元。"

会计:"这怎么行呢?这不是事实啊!"

科长:"你先别急,听我说啊,如果一个公司要做项目,要买需要的产品时,如果该产品的价格已经提高了,是不是要按照提高后的价格购买?"

会计:"是的,只能这样。"

科长:"这样一来,这部分的实际花费是不是比预算高了?"

会计:"是的。"

科长:"所以我们在做预算时,要加一个保险系数,以备不时之需。你知道怎么做了吧,把预算加10%就行了。"

会计:"好的,我明白了。"

会计的一句"这怎么行呢?"让科长知道会计不会轻易改变立场,只有通过冷读技巧诱导他说出"是",才能让他转变态度。

某培训公司的一位销售员主要负责销售培训课程,他和一个公司的人事管理人员长期保持着联系,但对方一直对他们的培训课程无太大反应。终于,他得到了一个消息:该公司最近刚招聘了一批刚毕业的大学生。销售员感到机会来了,他提前了解了相关信息,然后就开始行动了。

销售员:"听说贵公司最近招聘了一批刚毕业的大学生。"

对方:"是的,刚结束。"

第六章
超级有效的冷读话术

销售员:"想必您一定为了这批人才忙了很久吧?"

对方:"是的。"

销售员:"新进的大学生一定能为贵公司带来新鲜的活力,而且如果他们经过适当的培训,就更有效率了。"

对方:"是的,这正是我们公司招毕业生的原因,培训当然也不会忽略。"

销售员:"果然是这样,我们公司现在推出了新员工培训的课程,希望能有幸合作,这是资料。"

对方:"好的,请你详细说一下内容吧!"

在搞清楚对方背景的情况下,主动为对方考虑,再以冷读"是的"的技巧辅助,对方自然会乐意了解后面的培训课程了。

第三节　关键转折词的妙用

沟通的效果取决于对方的回应,而对方的回应往往又与自己的询问或表达紧密结合。在冷读术中,有一种奇妙的转折词技巧,它能够帮助我们轻松地达到想要的沟通效果。

先否定再肯定的技巧

人际关系心理学中有一个人际吸引的"增减原则",每个人在人际交往中都把自我价值放到第一位,最关注的还是自己。如果你真的对一个人或一件事有意见,有话要说,那就试试先否定再肯定的技巧。

甲:"这个咖啡好苦,很不好喝。"

乙:"咖啡的苦是味觉的感受,一个人心里有事的话,即使加再多的糖也感觉不到甜,其实是品尝的人心里苦。但如果你想象苦尽甘来,一定有另一番味道。"

甲:"你这不是在说我吗?我每天忙得晕头转向,想给自己调节都没有时间,有时候自己躺着都想哭。"

乙:"对哦,人的心理是很敏感的,你发生任何事它都会有感受,也许你很难受,但是我相信你就要渡过难关了,现在正是事业步入正轨的时候。"

甲:"你真的很厉害。我刚才还在犹豫是否接受公司的指派去分公司任职,这样一来,我的工资、职称都有所提高了,看来我的平坦大道就在前面。"

一个"但是"就转换了角度,使对方的态度变得积极。

如果你还不理解这种句法的运用技巧,不妨看看下面两个句子。

A:"这次你们展区的车真是太完美了,真厉害啊,但是如果展区现场的布置更妥善的话,更能映衬出汽车的魅力。"

B:"展区现场的布置更妥善的话,就更能映衬出汽车的魅力了,你们展区的车真是太完美了,真的很厉害啊。"

尽管表达的是同样的意思,但是话语的效果好坏一听就出来了。A句中"但是"之前的话自动被抵消了,被强调的是后半部分的句子,所以A句给人的感觉是"我做得还不够好";而B句让人听完后除了高兴还会乐于接受建议。这个语言模式和前面的换框技巧有一些相同的道理,只要认真琢磨一下,每

第六章
超级有效的冷读话术

个人都能够掌握其巧妙之处。

巧妙拒绝不喜欢做的事

一般情况下，人们对一些不喜欢做的事总是躲着，在这个过程中，往往由于害怕把关系弄得生疏，而不知道怎么拒绝别人。这里我就介绍一种"不过"的转折句法技巧，帮你轻松破局。

罗琳工作两年了，现在还没有对象，所以妈妈着急给她安排了很多相亲活动，但是罗琳不想参加。

妈妈："女儿啊，下午六点别忘了去参加聚餐啊。"
女儿："哦，我一定会参加的，不过我今天工作不少，主管可能会让我加班呢，所以可能会很晚下班。"
妈妈："我知道啦。那只能改天了。"

罗琳其实就是这样想的：以工作忙为理由，妈妈自然会取消聚餐。如果你碰到你的恋人让你做你不想做的事，"不过"同样可以救你。

男："明天我们去爬山吧！"
女："想去运动了是吗，运动对身体真的很好。你记得吗，上次你说我和你一块儿运动，我就是只蜗牛，超级慢，所以你还想我和你一起去吗？"
男："当然啦，没有你多没意思啊。"
女："听你这样一说，我也想去了，不过前天妈妈打电话了，让我回家帮忙，所以我去不了了。"
男："这样啊，那就算了吧。"

我们常常会遇到一种想拒绝又无法拒绝的状况，这种状况让你进退两难，这时你同样可以用"不过"这种沟通技巧。

比方说，老板想让你周末来公司值班，但是你实在不想来，而老板是一个斤斤计较的人，此时你处于进退两难的状况，不妨试试下面的说法。

知道了，我想如果我妈妈今天不从老家来看我就好了，不过现在她已经在火车上了，所以我想明天只能让她一个人在家待着了。

这样一说，老板也会心存不忍，就会不自觉地说出："哦，这样啊，你很孝顺啊，你就忙你的吧，让小田来就好了。"

这就是"不过""然而""但是"等转折词的运用技巧，就像前面说的，运用转折词强调后面的话，对方就会更加关注后面的话。

第四节　否定问句的妙用

除了肯定问句，我们还可以利用否定问句设置"语言陷阱"，让交流对象无意识地落入这个"陷阱"，从而与之成功交流。

说"不是"不等于拒绝

能准确地说中对方的心思是否定问句最奇妙的地方——在这种句式下，不管你说中还是没说中，都可以通过巧妙地转换变成说中。在运用否定问句时，你的口气应该是随意性的、猜测性的，而且对对方不作绝对的论断，这样说的目的就是不给对方反

第六章
超级有效的冷读话术

驳的机会。

甲:"天真的很热啊,你今天不去游泳吗?"
乙:"哦,今天不去。我要去乡下避暑。"
甲:"果然如此,难怪你的心情那么惬意,一点烦躁的感觉都没有。"

当你用否定问句询问对方时,既没有表明你说的是对的,也没有表明你说的是错的。这样当对方回答或进一步解释时,不但意味着你说中了,而且给了你新的信息。

如果对方只是顺着你的话简单地回话,没有解释,你就可以再次使用否定问句,诱导对方给出肯定回答。

甲:"天真的很热啊,你今天不去游泳吗?"
乙:"哦,我今天不去游泳。"
甲:"对啊,游泳不一定是唯一的好方法,你一定有自己的计划,不是吗?"
乙:"是啊。我要去乡下,那里……"

第二次使用否定问句时,你要先对对方否定的内容给予肯定,再巧妙地加上后缀内容,然后通过"否定反问",使对方的思维"不得不"接受你的说法,也就意味着你说中了对方的心思。

需要记住的是,使用否定问句时光靠语言是不够的,如果说话时表情呆板、目光游移不定,就很难与对方流畅交流。因此,好的冷读者会做出配合的动作、表情,一言一情、一行一动都符合交流情境。

业务上活用否定问句

日常生活中活用否定问句的例子有很多，在工作中同样可以应用否定问句，尤其是当你是一个管理者时，这更能帮你赢得下属的认同。

例如，你是某公司的管理者，当遇到一批产品需要大家加班赶工才能保证交付，而大部分员工都抵触加班时，就可以用这样的否定问句。

主管："这批产品需要在××日交货，大家不会不知道交不了货意味着什么吧？"

下属（没回答，做思索状）："……"

主管："这是我们的一个金牌客户的订单，不是吗？"

下属（有几个人回应）："嗯。"

主管："当初为了和对方建立合作关系花了很大的力气，没有不了解的吧？"

下属："是的，的确付出了很大代价。"

主管："我想我们都希望继续和对方合作，你们想的和我不一样吗？"

下属："一样啊。"

主管："如果加班可以保证这次交货，我们不应该这么做吗？"

下属："应该保证这次交货。"

就这样，下属已经七嘴八舌地讨论怎样加班赶工了。

一连串否定问句产生一种难以拒绝的力量，让下属们的思维完全顺着管理者走了，即使是再倔强、固执的人也不得不同

第六章
超级有效的冷读话术

意加班了。

从某种意义上来说,否定问句其实就是在故弄玄虚,把你的思维暂时交给别人来管理。常见的句式还有以下这些。

"有人不是说你是……吗?"
"……这件事,你难道没有听到些什么吗?"
"……这些变化,你难道没有察觉到吗?"
"……像这些,从来没有发生过吗?"

在业务上巧妙地运用这些句式,一旦猜中一项,就可以获得对方的信任,让你向业务目标更进一步。

搞定习惯性否定的人

在前面的连续肯定问句中,我们讨论了有效说服习惯性否定的人的连续肯定问句模式。

对习惯性否定的人,我们一样可以通过否定问句说服对方。这个技巧就在于在冷读过程中说对方想听的话,听对方想说的话,我们不是要把"不是"变成"是的",而是要让对方说他想说的"不是"。

玲悦:"江梅啊,听大家说你一直都很忙,今儿能抽空见我,真是很感谢你啊。"
江梅:"这段时间好多了,不那么忙了。"
玲悦:"听说你要搬回老家了,是不是计划很久了啊?"
江梅:"那是临时决定的,而且不是我决定的,是我老公决定的。"

玲悦:"那么你想好这边的房子怎么处理了吗?"

江梅:"还没想好呢。"

玲悦:"那你心里有没有打算啊?"

江梅:"完全没有啊。"

玲悦:"那你总不会就这样把房子空闲着吧?"

江梅:"那倒不可能啦。"

玲悦:"其实我今天找你是想给你推荐一家人,他们也在这附近上班,想在这附近租房,是不是今天来说这件事早了点啊?"

江梅:"也不会啊,反正早晚得做打算,正好让我考虑一下。说说那家人的情况吧。"

……

整个谈话中江梅都在讲她的习惯性否定"不是""不会",等到玲悦说出"是不是今天来说这件事早了点啊"这样的否定问句时,她的习惯性否定就让她不得不考虑这件事了,即使原本自己不想让对方参与这件事,此时也不得不让对方参与了。

习惯性否定的人并不全是很难交往的人,只是我们不善于找到与他们合拍的交流频道而已。我们要做的就是读懂对方,顺着习惯性否定的语言特点,设计我们的询问方式,让对方用习惯性否定的方式给出我们想要的答案。

"知道您很忙,所以非常感谢您能抽出时间见我。"

"还好,今天没那么忙。"(否定)

"听说贵公司今年周年庆要隆重举行,请问今年已经有人主管这件事了吗?"

第六章
超级有效的冷读话术

"还没有呢，都是临时定的。"（否定）

"哦，这样啊，那我现在来谈这件事，是不是有点早啊？"

"没关系，既然来了就谈谈吧。"（否定）

"哦，那不知道贵公司今年决定在哪里庆祝了吗？"

"还没定，正在考虑中。"（否定）

"哦，这样啊。我们公司现在提供一套新的服务，为您全程策划周年庆，请您先看一下。"

"哦，好。"

这个方法就是让对方像习惯一样说"否定"的话，在无意中透露出对方的很多信息，为你实现后面的目的提供有力的帮助。

第五节　巧妙询问法

人们一般不会主动把自己的信息告诉他人，这让我们在人际交往中受阻。面对人们的防范心理，如果冒昧地直接询问对方，一般都不会获得较好的答案。这里介绍一种叫作"巧妙询问法"的冷读话术，它可以让你毫不费力地得到对方的信息。

不知不觉地提问

交谈的目的之一就是与对方拉近关系，同时积极地了解对方的有关信息。如果你的询问让对方感觉到是在套取信息，那么对方很可能就会中途停止谈话。所以，不让对方发觉你在提问，就是"巧妙询问法"的高明之处。

甲:"我好久没见你去学十字绣了,忙什么呢?"
乙:"我最近抽不开身……"

这种询问法比直接问"最近在忙什么呢"更显得自然。因为乙听到甲的话时,不自觉地从自己身上查找原因,想解释一下,接下来的话也正是我们想得到的信息。

吉杰:"嗨,最近还在研究你的魔方吗?都很久了吧?"
林美:"没有啦,我最近在看一部叫《别对我说谎》的电视剧。"
吉杰:"是吗?我也在看,是心理学类的。你喜欢这类的影视作品吗?"
林美:"对啊,我喜欢心理学,所以喜欢很多心理学电影和电视剧。"
吉杰:"哦,是吗?我也很喜欢,像《爱德华大夫》《飞越疯人院》,都是经典作品呢。"
林美:"对啊,都是经典作品。还有其他的吗?给我推荐一些。"

在这个对话中,林美完全没有感觉到被吉杰试探,也不会感觉到吉杰是为了"套近乎"拼命想找出共同点。"巧妙询问法"的关键一点就是在询问之前加一句赞同、关切、赞美对方的话,然后在句尾不经意地搭上一个询问。

使用巧妙询问法,你就可以问出想要的信息,试试看吧!

激发对方的交流兴趣

在与人交谈的过程中,要想把"两个巴掌"拍响,其中一

第六章
超级有效的冷读话术

个人就要激发另一个人的交流兴趣。"巧妙询问法"可以帮你达到这一目的。

"你好,你来得好早啊,你一定是个爱早起的人吧?"
"你好,你来得也很早啊,早起比较精神嘛!"
"你也这样认为啊?我喜欢早起,尤其是在夏天。"
"对啊,早晨温度很舒服,而且我早晨就可以做完好多事呢。"
"可不是嘛,早晨的时间利用起来真不错啊。"

通过这样巧妙询问,你就可以勾起对方的交流兴趣。方法很简单,其实就是在向对方打招呼时,加上一句让对方"不得不"回应的话。

第六节 潜意识捆绑说服术

人的头脑的反应有很多是在潜意识状态下做出的,并且潜意识状态下所表现出来的能力远远超出了表意识控制下所能运用的能力。

冷读术不但能够像前面介绍的方法一样左右与他人的交流,而且可以通过技巧性的话术控制他人的潜意识。

潜意识渗透的诀窍

为了让对方的潜意识接受你的观点,你需要学会"潜意识捆绑说服术",把影响对方思维的话渗进其潜意识。

面对客户,你需要抓住的是对方的表意识,以让他的潜意识做出反应，也就是把表意识和潜意识绑到一起，从而让对方接受你说的话。

"大家今天能来听课，我非常感谢。接下来请听我的养生保健课，只要大家带着耐心仔细地听完，最后一定能感觉非常奇妙，请跟我一起来看这份资料……"

养生保健课结束后，只要有人说"听完了感觉确实有点奇妙，不错"，周围的人就会表示赞同。

心理学认为人的潜意识可以获取比表意识更多的信息，有些事是人们刻意去做却做不到的，另外一些事是人们在表意识控制下可以做到的。潜意识捆绑就是让对方做到刻意去做不能做到的事，但前提是让对方先做到表意识控制下所能做到的事情，进而转到不能做到的事情上。就像上面的例子，"仔细听完养生保健课"是听众能做到的，"感觉非常奇妙"就不一定了，不过通过前面的引导，最后听众潜意识里面好像也认可了。

"等你上台演讲时，不要紧张啊，没事的。"

这样的话听完后，你会不紧张吗？

"来，先喝点饮料，放松下来再上台吧。"

这样的话听完后，你的表意识被喝饮料所占据，自然就无暇紧张了，再听到"放松下来"这样的引导就真的放松下来了，这只不过是潜意识的反应而已。这样的话很简单，还可以设计

第六章
超级有效的冷读话术

很多。

"去照照镜子吧,你会发现笑起来整个人都精神了。"
"去冲冲凉吧,这样灵感一定会蹿出来的。"
"来喝杯热茶吧,这样身体就暖和了。"

这样的话并不是百发百中,但成功的概率非常大。从这些例子可以看出,不要使用否定含义的词,你不想让对方怎样,就要转换成相同含义的肯定词,这样对方的潜意识就会随着你的话走了。

潜意识捆绑说服术实战

任何一项技巧不经过实践应用,都是不能完全掌握的,接下来我们就看一些生活或工作中经常用到的潜意识捆绑说服术的实战。

"我不得不向你坦诚一些事。"
"什么事啊?说吧。"
"像这样和你一起喝粥,然后有一搭没一搭地闲聊,感觉真像和恋人在一起一样。"
"是吗……"

双方现在能做的是一起喝粥,而感觉像恋人一样,却不是刻意能做到的,这样的话无疑会让对方的潜意识接受这种感觉。

演讲者:"我太紧张了,我的紧张会搞砸我的表达。"

鼓励者："来，给你杯冰红茶，喝吧，你会放松自如的。"
演讲者（慢慢地喝茶）："嗯，我喝完了，的确很'冰'啊，我整个头脑都被'冰醒'了，谢谢！"

演讲前的紧张很正常，但千万不要告诉对方"没事的，我相信你一上台就会忘了紧张"，这样会适得其反。想想现在对方能够做什么，用一些简单的事（用表意识捆绑潜意识）引开他的注意力，就可以了。

"什么事情让你如此低落啊？"
"我被炒鱿鱼了，我的宠物也病了。"
"哦，换成我也会难受。和我去登山吧，站得高你就会望得远的。"
"好吧，想想也是啊。"

用表意识控制下能做到的事，引导对方的潜意识接受不能刻意接受的事，这就是潜意识捆绑说服术。

第七节 "双重束缚"说服术

我们想邀请一个人做什么事情的时候，最担心的也许就是对方的拒绝。想让对方没有拒绝的机会，就要掌握绝对不会让对方拒绝的会话技巧——"双重束缚"说服术。

交友、搭讪屡试不爽的绝技

假如你想请对方帮忙，对方在听你的请求的过程中往往已

第六章
超级有效的冷读话术

经开始想是接受还是拒绝了。

对方一旦决定拒绝，无论你下面怎么说，都很难改变对方的决定。

"一起去郊外散心吧？"
"（不！）今天我会一直忙。"
"只在附近的公园也行啊。"
"我真的抽不出时间。"
"那你什么时候能闲下来？"
"我也不知道。"

以这样的方式表达你的邀请，对方很容易构筑"不"的回答模式，无论怎样都可以拒绝你。如果你想邀请成功，就可以用"双重束缚"说服术。

"一起去郊外或是在附近公园散散心吧？"
"但是我恐怕没有空啊。"
"那就去附近公园转转吧？"
"嗯，那好吧，挤出这点空闲还行。"

人的思维很奇妙，当面对的是选择题时，脑子里的反应经常是选择其一，而不是拒绝，因此这样遭到拒绝的可能性就大大降低了。

让对方失去说"不"的机会，就是"双重束缚"说服术的技巧，也就是把对方"束缚"进这个范围内，达到诱导其回应的目的。

男:"怎么说咱俩都算认识了吧?"
女:"嗯,算吧。"
男:"那你要给我手机号还是 QQ 号呢?"
女:"QQ 号吧,我的号是……"

这样就巧妙地达成了一方的目的。"双重束缚"说服术的语法要点主要在于设计"非 A 即 B"的句式,具体沟通方法如下。

第一,将你想让对方做的事情当成已经决定要做的事情 B。

第二,列举几个与 B 相似的事情,从中选一个最恰当的成为 A,最后组成"非 A 即 B"这种表达模式。

第三,运用"非 A 即 B"这种话术与对方沟通,适时抓住对方话语中的机会,迅速确认。

谨慎对待话术圈套

姜女士曾经收到这样的短信:"您好,您的银行卡今天取款 1 万元,请您确认,如有疑问请拨打 ××××× 按 9 转人工服务。"姜女士心想不可能啊,自己没取款啊,于是打所谓的人工服务电话。

骗子:"您的卡号是……吗?"
姜女士:"是的。"
骗子:"那您的安全码是多少?"
姜女士:"什么安全码?"
骗子:"银行卡密码也行。"
姜女士:"哦,密码我知道,是 ×××××× 。"

第六章
超级有效的冷读话术

在这个例子中骗子也使用了"双重束缚"的技巧。

一般人都会想起银行客服询问详细情况时不会问密码,显然骗子也知道不能直接问这个,因此骗子问了"安全码"这个很多人不知道的东西。此时姜女士开始在大脑中思索答案,殊不知已落入了对方的陷阱,在这个状态下,对方轻而易举地套走了她的密码,也就套走了她的钱。

"双重束缚"说服术在表达模式上不是请求对方,而是好像有了两种决定,让对方选择一种更为有利的决定。

甲:"你觉得青春的热情体现在哪里?"
乙:"嗯,不太清楚,大概是随心旅行吧。"
甲:"如果给你机会,你想去大漠旅行还是乡村旅行?"
乙:"大漠吧,那样才充满了刺激。"
甲:"好的,下周公司的边疆分公司将开业,你就去体验一下在边疆工作,这更像青春的旅行,难道不是吗?"
乙:"嗯,是的,好吧。"

甲正愁公司没人愿意去边疆分公司,他利用"双重束缚",再加上对否定问句的巧妙应用,乙就很难推辞了。

当你懂得了这些冷读技巧,就不要让自己再落入这种陷阱,尤其是在对方运用"双重束缚",让你的意识暂时"失效"时。

第八节　扩大/缩小法的妙用

我们在与人交流中,难免会说错对方的心思,接下来怎么办呢?冷读术中的扩大/缩小法就可以让你在说错的情况下转危为安，变成说中对方的心思。

活用扩大法

不论我们想表达的内容是什么，我们的言语都会设框，这个框架就把对方或其所接触到的情境联系起来，也确立了交谈的边界。这个框架大小会影响对方的回应方式。当我们说错了时，我们就可以巧妙地将这个框架拉大，也就能变成说中了。

◎ 扩大局部

如果我们没有说中对方的某一局部信息，就可以把这个局部扩大。

甲："你看起来眼睛有些疲劳啊。"
乙："没有啊。"
甲："真的吗？你不觉得身体有一些不舒服吗？"
乙："嗯，身体最近快吃不消了，老是加班。"

把眼睛的疲劳转移到了身体的不舒服，这样就将局部扩大了。因为人每天都要经历很多事，就连走路时间长了身体也会累，所以身体的不舒服有很多表现，把话题扩大到身体时，自然就说中对方的心思了。

"最近你的目标实现了吧？"
"没有啊，我的目标是升职，还是没有起色啊！"
"真的吗？你们部门工作不是小有成绩了吗？"
"那倒是，实际上我们小组阶段性目标提前完成了……"

第六章
超级有效的冷读话术

把对方的个人目标扩大到其所在的部门目标,利用这种扩大的说法就能巧妙地说中对方的心思。

◎ 边界模糊化

在约会中我们也可以使用扩大法,我们和对方商量具体的约会时间、地点等,如果对方没有同意,我们就可以把这个受限制的边界模糊化,让对方无托词可用。

男:"我们周五晚上和朋友一起去 KTV 吧?"
女:"我这周五晚上没有时间。"
男:"是吗?那好可惜啊,你可是主力唱将啊,那下个星期怎么样?"
女:"那好吧,到时把事情排开就好。"

具体的时间被对方拒绝了,而下个星期又没有明确说明是哪一天,对方想拒绝也没有理由,所以只能同意。

◎ 由具体转为一般

同事 A:"这次的会议流程控制得太差了。"
同事 B:"没有啦,我觉得好多了啊!"
同事 A:"是吗,我怎么没感觉啊?"
同事 B:"以前我有一次主持会议,不仅把主次问题顺序说错了,而且因为流程没控制好,拖延了很长时间,所以这次已经比我想象的好多了。"
同事 A:"哦,是呀,这些方面都控制得不错。"

由讨论这次具体的会议的问题，转而讨论以前的一次糟糕的会议，对方自然就无法否认，一般来说，这次会议较为成功。

这些都是扩大法的技巧，它们让你将对方的回应框架都掌握在自己的手中了。

活用缩小法

有大就有小，万事万物都是相通的。扩大的方向说得通，反过来缩小法也非常有用。

◎ 由模糊转为清晰

A："你最近是不是有些焦虑啊？"

B："是的。"

A："是你的目标与现实的问题吗？"

B："是的。"

A："是目标和现实差太多，实现不了？"

B："不是。"

A："那是你怀疑你的目标了？"

B："嗯，我开始怀疑实现这个目标到底有没有意义……"

我们都喜欢从熟悉的话题开始聊起，在聊的过程中不断缩小推测的范围，如果猜测的过程中不能一次说中，就要转移到另一个方面，再不断缩小范围，这样就能说中对方的心思。

◎ 由未做转为具体

"我下周一想休假。"

"什么，你难道忘了下周一要交员工绩效考核表吗？"

第六章
超级有效的冷读话术

"当然没有,我准备周末加班完成,周一早上您来公司就可以收到。"

"哦,这还可以。"

把周一要交的考核表在周一早上按时交,具体化了时间,对方没有受到影响,也就不会刁难要休假的人了,此人就顺利达到了目的。

甲:"明天我要带你回老家见父母,你准备一下吧。"
乙:"可是你忘了吗?明天是咱俩的纪念日啊!"
甲:"我当然没有忘,今天午夜之后就可以过纪念日了,然后我们明天回家,丝毫不影响。"
乙:"那好吧,我去准备。"

甲把明天具体为今天午夜之后,具体化了时间,还使自己摆脱忘记纪念日的嫌疑,乙自然就信任了他,这样不是很厉害吗?

混合使用扩大／缩小法

扩大／缩小法可以混合起来一起使用,这样就不用局限于把没说中的单纯地扩大或者缩小了,可以更加轻松自由地发挥。

销售员:"听说你们公司要进军华南市场了?"
经理:"是的,没错。"
销售员:"看来你们信心十足,志在必得啊!"
经理:"也不是,没准儿呢。"

销售员:"只要全力去做,一定能收获很大的,这点信心还是有的吧?"

经理:"那是当然,这是必须的。"

当销售员没有说中时,可以马上转移,信心的边界很广,只要抓住某一处,就可以缩小范围,对方也就很容易认同了。

销售员:"华南的市场开拓起来会遇到不少挫折吧?"

经理:"也不是啊,我们在开始前做的调查结果还不错。"

销售员:"我的意思是哪里都有竞争对手,尤其是华南这样的地方。"

经理:"哦,你说得对。"

销售员:"所以只要做好充足的准备、详尽的计划,未雨绸缪,就能脚踏实地地走稳了。"

经理:"对啊,我们正在努力。"

通过扩大与缩小,对方印象中只留下了说中的话,接下来如果销售员说出自己有哪些新的想法,就能很轻松地让对方接受了。

恋人、夫妻之间有很多需要记忆的日期,比如彼此的生日、恋爱纪念日、结婚纪念日等。而你不管是什么原因忘了这些纪念日,都是怎么也说不过去的,对方也会很生气。这样的情况下,扩大/缩小法就可以帮助你。

"明天我大学同学来找我玩,所以放我一天假,不陪你了,老婆。"

"这哪行啊？你竟然不记得明天是咱俩的结婚纪念日？"

"谁说的，我当然记得。我本打算今天午夜偷偷给你礼物的，现在你知道了，我们就到时候再过吧。"

"啊，你还是像以前一样能搞惊喜，太好了。"

把明天缩小为今天午夜，问题就轻松解决了。

女："你明天有什么安排吗？"

男："有一堆事要干呢，去给妈妈修房，去超市采购，去书店买书，去和老朋友商量事情……"

女："你知道你忘了最重要的事吗？哼！"

男："当然没忘啦，我还没说完呢，商量完事情拿蛋糕回家陪你过纪念日嘛！"

女："原来你知道啊，一开始不先说。"

这位先生原来知道吗？他并不知道。心理学研究发现男士一般很少能记住这些纪念日，而女士则相反。所以女士的反应让这位男士很快想起了最重要的事，也顺势安抚了女士。

第九节　分割/组合法的妙用

有人说："如果我不能骄傲地活着，那么我也不选择活着，我选择骄傲。"这就是巧妙地分割，让人生有了最美的质感。任何事都要一分为二地想，要把好的一面发挥出来，不好的一面切割掉，冷读术中的分割/组合法就可以帮助我们做到这一点。

把抱怨切割开的分割法

"你总是迟到,怎么就没有一点上进心呢?"
"你们公司的产品太不可靠了,我要求马上退货。"
"老赵,你让我太失望了。"

上司的抱怨、客户的抱怨、朋友的抱怨……我们该如何有效应对呢?当对方向我们抱怨的时候,如果我们直接回一句"我怎么就没上进心了""请问我们的产品哪里不可靠了"或者"我哪里让你失望了",对方听后立即就会火冒三丈。

"你问我啊?你就是哪里都不上进。"
"哪里不可靠?当然是哪里都不可靠。"
"你就是哪里都让我失望,我都懒得说你。"

这样岂不是让双方的谈话陷入僵局,甚至让我们失去这个重要的人?这个时候,就该分割法上场了。

"你总是迟到,怎么就没有一点上进心呢?"
"关于迟到,我真心向你道歉,我的迟到给你造成了困扰,让你着急是我不对。我问你啊,我迟到让你感觉我没有上进心了吗?你能否告诉我,我最不上进的是哪一方面?"

就是这样,迟到本身已经错了,所以我们要先接受对方所说的一切,给予真诚的道歉。无论面对哪种抱怨,我们都要先道歉,接下来就是让对方说明在抱怨的内容中哪个是其中之最,这个例子中就是"最不上进的方面"。

第六章
超级有效的冷读话术

这就是分割法的话术模式，把"不上进"分割为"最不上进的方面""次不上进的方面"等，也许对方说不出几条，关键是对方只要说出"最"的部分，问题就可以解决了。

"怎么说呢，准时都做不到，怎么让人相信你的话呢？况且这样不尊重人啊。"

"我再次向你道歉，我明白你的意思了，如果站在你的立场上，我也会不舒服的，你就看我以后的行动吧！"

像这样，了解了前因后果，表示自己感同身受，并用自己的行动证明，问题就解决了。其实对方并不是真的认为你"没有上进心"，只不过是像"蝴蝶效应"一样，把问题扩大化了。

人们在和他人闹矛盾时，都可以说有某种程度的抱怨，碰到这类难以解决的问题时，我们所要做的就是放弃解决整个问题的冲动，把问题分割开来，从我们认为可以解决的部分开始做。

攻陷恋人心防的分割法

分割法还可以用在与恋人的对话中。只要我们掌握得当，就可以发挥出奇妙的效果。

男孩："我们在一起会幸福的。"
女孩："可是我的家人都反对，我想我们还是算了吧。"
男孩："是的，你家人的意见很重要。不过，对你的情感世界来说，你不仅要包容你的家人，更重要的是你要做你自己，毕竟是你自己在选男朋友，而不是你的家人，不是吗？"

女孩:"你说得也是,不过我还是要考虑一下。"

迅速处理危机的分割法

我们每天面临的很多事,从不同的角度都可以解释为危机,我们同样可以用分割法转危为安。

我们使用分割法时需要注意场合和时机,并且在使用时要灵活应变,可以从不好的、不合理的部分说起,也可以从好的、合理的部分说起。

有一家机械公司曾经遇到过这样的危机,一天早晨员工们纷纷喊着"不干了,不干了,我们要辞职"。厂长听到这样的话后,及时做出了反应。

厂长:"大家干得好好的,为什么要辞职啊?"

员工:"新的工作调度和人事安排一点都不合理,我们怎么还干得下去。"

厂长:"请大家放心,我一定给大家一个满意的答复。"

厂长(了解情况后):"我了解了情况,造成大家的困扰,我代表公司真诚地道歉。那么我可否向你们请教一些问题,在诸多不合理之中,你们觉得最让你们接受不了的是哪部分?"

员工:"是这样的,之前我们的小组合作很顺利,可是现在新的工作调度一出来,不仅我们的工作量加大了,而且小组成员变化很大,同时有这么多变化,我们怎么可能高质量地完成任务?"

厂长:"对这一点我真的抱歉啊,你们说得很有道理,我能站在你们的立场认同你们的话,我马上跟总经理商量对策解决这个问题。现在大家各回各位,我保证这个问题很快就能解决。"

第六章
超级有效的冷读话术

只有让员工把话都说出来，厂长才能了解原因。员工提出不能接受新的工作调度和人事安排，只要找出了不能接受的部分，厂长就可以找到对策解决问题了。

事实上，在商业谈判中也可以使用分割法。

甲："我不能接受贵公司的要求。"

乙："我们公司的条件充分考虑了您的利益，为什么您不能接受啊？"

甲："不管怎样我都无法接受贵公司的条件。"

乙："那么在这些条件中您认为哪些是不合理的？"

……

这是谈判中经常出现的僵持局面，如果出现这样的状况，我们就可以尝试一下分割法，这样对方就会开口了，我们就有机会了。从问题能够解决的那一部分着手，就是分割法的诀窍所在。

引导反对意见的组合法

上面是解决抱怨或者危机的分割法，接下来我们来看另一种有同样效果的技巧——组合法。

进行过心理意象对话或者被催眠过的人都听过这样的话：

请你想象一间屋子，你来到了这间屋子外，然后你试着要推门进去。推得动吗？不要着急，慢慢来。现在推开了吗？如果进去了，你看到了什么？如果进不去，问问自己，为什么门打不开？寻找一下有别的入口吗？……

我们会随着咨询师的话一步步想象，意识就完全被控制了。这也就是组合法的原理，让对方的潜意识接受我们的每一句话，然后去执行。

无论是工作，还是生活，我们都不可能做到十全十美，让每个人都赞同我们的想法，持反对意见的人总是会存在的。组合法就可以引导持反对意见的人跟我们合作，让我们的想法顺利通过。

"关于我的这项新创意，应该有不少人觉得行不通吧？请大家尽情反对吧，反对的同时请听我说，然后请一边听，一边想个问题：我们现在能做些什么？"

这就是简单的组合应用。对"应该有不少人觉得行不通"采取既不否定也不认同的态度，让对方按照自己的想法继续行事。这是实施组合法很重要的一点，我们要认同对方的原本观点，然后通过组合法慢慢引导，让对方有转变观点的可能。

金小姐在一家理发店做头发，看看下面她和理发师的对话。

理发师："小姐，想做什么样的发型啊？"

金小姐："你帮我推荐吧，我想换换发型，你觉得哪个适合我？"

理发师："我觉得你做个烫发吧，这样既能显出你的气质，也能让你更有魅力。而且啊，染个颜色再做个护理就更显时尚，保持的时间也更久，你觉得呢？"

金小姐："这样啊，我不喜欢太抢眼的颜色，比较自然的那种吧！"

第六章
超级有效的冷读话术

理发师:"好的,这点没问题,那就开始了。"

听到理发师的话,你觉得金小姐能拒绝哪项?如果理发师是在做头发后才给金小姐一项项介绍,她可能就拒绝了。而把这些分开的项目结合起来,对方拒绝的可能性就大大减小了。

这个方法还可以推广到公司管理上。

一家公司的员工要罢工,经理得知原因是员工觉得工资低。

经理:"事情会妥善处理的,既然你们今天不想工作,刚好有家企业邀请我们去参观,那么大家一起去吧,工资不扣。但是在去之前希望大家先做好以下三点:第一,五分钟内把现场收拾干净,工具归位;第二,整理好衣着妆容;第三,带着纸笔。我们十分钟后出发。"

经理把员工的注意力转移到了他们即将去参观上,并说了一系列的要求,员工难以拒绝只能照做。在冷读中利用这一点,对方很容易就被我们控制了。组合法就是这个道理。

参考书目

[1] 格里格，津巴多. 心理学与生活 [M]. 北京：人民邮电出版社，2003.
[2] 迈尔斯. 社会心理学 [M]. 北京：人民邮电出版社，2006.
[3] 石井裕之. 瞬间赢得信任的冷读术 [M]. 台湾：远见天下文化出版股份有限公司，2007.
[4] 森下裕道. 业务员要像算命师 [M]. 台湾：城邦出版集团，2008.
[5] 石井裕之. 瞬间成为冷读术高手 [M]. 台湾：远见天下文化出版股份有限公司，2009.
[6] 石井裕之. 你为什么相信算命师 [M]. 台湾：世茂出版有限公司，2007.
[7] 内藤谊人. 攻心说服力 [M]. 天津：天津教育出版社，2007.
[8] 内藤谊人. 攻心说服力2 [M]. 海南：南海出版公司，2009.
[9] 卡耐基. 卡耐基经典全集 [M]. 北京：中国城市出版社，2007.
[10] 施特劳斯. 把妹达人 [M]. 北京：中国三峡出版社，2009.
[11] 迪尔茨. 语言的魔力 [M]. 北京：世界图书出版公司，2008.
[12] 郑匡宇. 搭讪圣经 [M]. 北京：现代出版社，2009.
[13] 冯绍群. 行为心理学 [M]. 广东：广东旅游出版社，2008.
[14] 徐耀武. 读心术 [M]. 北京：机械工业出版社，2010.
[15] 萨勒. 行为背后的心理奥秘 [M]. 北京：中国人民大学出版社，2008.
[16] 布雷姆. 亲密关系 [M]. 北京：人民邮电出版社，2005.